Profissões

LIÇÕES E ENSAIOS

Profissões
LIÇÕES E ENSAIOS

Maria de Lurdes Rodrigues

PROFISSÕES
LIÇÕES E ENSAIOS
AUTORA
Maria de Lurdes Rodrigues
EDITOR
EDIÇÕES ALMEDINA, S.A.
Rua Fernandes Tomás nºs 76, 78, 80
3000-167 Coimbra
Tel.: 239 851 904 · Fax: 239 851 901
www.almedina.net · editora@almedina.net
DESIGN DE CAPA
FBA.
PRÉ-IMPRESSÃO
G.C. – GRÁFICA DE COIMBRA, LDA.
Palheira Assafarge, 3001-153 Coimbra
producao@graficadecoimbra.pt
IMPRESSÃO E ACABAMENTO
DPS – DIGITAL PRINTING SERVICES, LDA
Outubro, 2012
DEPÓSITO LEGAL
350744/12

Toda a reprodução desta obra, por fotocópia ou outro qualquer processo, sem prévia autorização escrita do Editor, é ilícita e passível de procedimento judicial contra o infractor.

 GRUPOALMEDINA

BIBLIOTECA NACIONAL DE PORTUGAL – CATALOGAÇÃO NA PUBLICAÇÃO
RODRIGUES, Maria de Lurdes, 1956-
Profissões : lições e ensaios. – (Manuais universitários)
ISBN 978-972-40-4921-2

CDU   316
      331

Para o João Freire,
professor, colega e amigo

ÍNDICE

Apresentação	9
1. As profissões e o interesse público	13
Sobre a sociologia das profissões	13
Ambivalência nas profissões	20
2. Profissões e profissionalismo em Portugal	39
O crescimento dos diplomados no mercado de trabalho	42
Articulações entre o sistema de ensino e as profissões	45
A diversidade do movimento associativo profissional	48
As ordens como modelo dominante de organização	56
3. Sociologia das profissões em 10 lições	63
Lição 1. As profissões na sociologia clássica	64
Lição 2. A corrente funcionalista	67
Lição 3. A corrente interaccionista	74
Lição 4. A abordagem crítica	77
Lição 5. A corrente neoweberiana	80
Lição 6. A análise sistémica e as abordagens comparativas	85
Lição 7. Profissionalização e desprofissionalização	91
Lição 8. Profissões e organizações	97
Lição 9. Profissões e Estado	101
Lição 10. Profissões e conhecimento	104
Conclusão	107
Referências bibliográficas	115

Apresentação

As profissões são uma forma de organização e controlo do trabalho. Existe profissionalismo quando um grupo ocupacional organizado adquire o poder de determinar quem é qualificado para exercer que tipo de atividades, impedindo outros de o fazerem, bem como o poder de controlar os critérios de avaliação da qualidade do exercício profissional. Trata-se de uma forma de regulação do trabalho e do emprego baseada na valorização de quatro princípios organizativos: certificação formal, por diplomas, do conhecimento científico e das competências específicas, autonomia de decisão sobre o tipo e a forma de realização do trabalho, auto-regulação e fechamento no acesso ao mercado de trabalho e, finalmente, orientação da atividade para a resolução de problemas.

Em muitos sectores, designadamente na saúde e na investigação, reconhece-se que os progressos alcançados ao nível do conhecimento e da qualidade dos serviços prestados são indissociáveis dos princípios do profissionalismo em que se baseia a organização dos grupos ocupacionais neles predominantes, como os médicos ou os investigadores. Por outro lado, as profissões são hoje uma forma de organização do trabalho presente em todos os domínios de atividade e constituem a referência para muitos grupos ocupacionais que aspiram a adotar tais princípios. Apesar disso, as profissões suscitam muitas críticas, nomeadamente por haver quem considere que o credencialismo e o fechamento dos mercados de trabalho são mecanismos de proteção de privilégios e de elevados rendimentos de alguns grupos, cujos interesses colidem com os de outros ou põem em causa o interesse público. No debate público, o poder das profissões e dos grupos profissionais é atualmente, para uns, um obstáculo ao funcionamento dos mercados e das sociedades democráticas, para outros a única garantia da qualidade dos serviços prestados, devendo por isso esse poder ser protegido de controlos externos. Na realidade, o que se sabe hoje sobre as profissões é insuficiente para sustentar tal debate. É insuficiente no que respeita ao conhecimento tanto da diversidade de condições de emergência, manutenção e sobrevivência dos grupos profissionais, como da diversidade dos efeitos de difusão do profissionalismo nas organizações e no funcionamento das sociedades atuais. Para ultrapassar a ambivalência com que se olham as profissões e os fenómenos a elas associados, para se abandonarem as visões extremas, dicotomizadas e simplistas, é necessário o seu estudo sistemático e rigoroso. Só a investigação empírica teoricamente orientada e centrada no esclarecimento de questões analíticas relevantes do ponto de vista sociológico, mas também do ponto de vista social, permitirá compreender os fenómenos das profissões e da difusão do profissionalismo, bem como o sentido e os efeitos das mudanças observáveis, designadamente sobre a autonomia de julgamento e decisão dos profissionais, sobre a qualidade dos serviços prestados, sobre a confiança pública no seu trabalho, ou sobre o equilíbrio dos diferentes interesses e poderes em jogo.

Contribuir para estimular o desenvolvimento de estudos sobre as profissões é o primeiro objetivo deste livro. Na sua origem estão os dois trabalhos apresentados e discutidos nas provas públicas de agregação em Sociologia que realizei em 2003 no ISCTE-IUL: um projeto de investigação sobre o associativismo profissional em Portugal, coordenado por João Freire, e um programa de ensino de sociologia das profissões, passível de integrar os currículos dos cursos de mestrado ou de doutoramento em Sociologia, enquanto disciplina optativa. Os resultados do projeto de investigação foram publicados em 2004 (Freire, 2004) e o programa de ensino foi sendo usado nos cursos de sociologia do ISCTE-IUL, sem nunca ter sido publicado.

As profissões e o fenómeno de difusão do profissionalismo no mundo do trabalho mantêm, em Portugal, uma grande atualidade e relevância, como procuraremos mostrar adiante. A inclusão da sociologia das profissões nos cursos de sociologia constitui, para os alunos, uma oportunidade de introdução à análise sociológica das profissões e de familiarização com as questões e debates em aberto sobre os processos de profissionalização e de difusão do profissionalismo. Oportunidade importante para aqueles que se proponham fazer dissertações ou teses nesta área ou que pretendam adquirir uma especialização profissional em estudos do trabalho, bem como para os restantes alunos, porque lhes permite adquirir conhecimentos e competências adicionais e complementares para a compreensão da sociedade portuguesa contemporânea. Porém, passados todos estes anos, verifica-se que continua a não existir um manual para o estudo das profissões, apesar da proliferação de trabalhos de investigação, sobretudo dissertações de mestrado e de doutoramento, sobre diferentes grupos profissionais.

Com este pequeno livro, volto, portanto, ao tema das profissões, uma vez mais com a preocupação de contribuir para o ensino e a aprendizagem da análise sociológica das profissões, dos fenómenos associados aos processos de emergência e de difusão do profissionalismo no mundo do trabalho e das organizações, bem como das condições da sua manutenção e sobrevivência. No primeiro capítulo, apresenta-se um ensaio sobre as profissões e o interesse público, argumentando-se, em primeiro lugar, a favor da necessidade de estudos empíricos para melhor compreender o fenómeno das profissões e, em segundo lugar, a favor da necessidade de, simultaneamente, defender o modelo de organização profissional e de responsabilizar as associações profissionais e os seus membros pela resolução dos equilíbrios necessários à defesa do interesse público. No segundo capítulo, apresenta-se uma reflexão sobre as profissões e a difusão do profissionalismo em Portugal e sobre as condições do seu crescimento, designadamente na articulação destas com o sistema de ensino superior e o associativismo profissional. Finalmente, no terceiro capítulo apresenta-se um breve guia, ou programa de estudo em 10 lições, da sociologia das profissões. Nesse programa, sistematizam-se, passo a passo, os contributos dos principais autores e os debates mais importantes da disciplina, indicando-se a bibliografia específica para aprofundamento dos temas tratados em cada lição. É um programa de estudo destinado a todos os que se interessam pelo tema das profissões. Espera-se que a partir desta primeira abordagem os leitores, estimulados pela curiosidade e pelo interesse no tema, possam aprofundar o seu conhecimento, designadamente através da leitura das obras dos autores referidos em cada um dos tópicos.

1
As profissões e o interesse público

Sobre a sociologia das profissões

A sociologia das profissões tem um estatuto diferente de grande parte das disciplinas especializadas tradicionalmente oferecidas nos cursos de sociologia. Não por se tratar de uma disciplina nova ou associada a um fenómeno emergente e de atenção recente, como por exemplo as questões do ambiente ou das tecnologias da informação. Esta é uma área de especialização antiga e com longa tradição de desenvolvimento de investigação empírica. De forma institucionalizada e suportada por estudos empíricos continuados, existirá desde os anos 1930, inaugurada com os trabalhos de Carr-Saunders e Wilson. O relativo atraso com que a disciplina entra nos planos de estudo dos cursos de sociologia em Portugal, no final dos anos 90, segue o padrão dos outros países da Europa continental sob influência da sociologia francesa e alemã.

A sociologia das profissões desenvolveu-se sobretudo no mundo de língua inglesa, nos EUA e no Reino Unido, sendo até aos anos 1970 praticamente ignorada nos países europeus. As razões maioritariamente apontadas para explicar esta diferença de interesse sociológico pelo tema das profissões tendem a centrar-se nas condições sociais de emergência e consolidação do fenómeno das profissões de um e de outro lado do Atlântico.

No mundo de língua inglesa, está estabelecida uma distinção clara entre os termos profissão e ocupação. O termo profissão define uma atividade de trabalho exercida regularmente, com recurso a um saber abstrato adquirido num processo de formação de longa duração e orientada para a resolução de problemas concretos da sociedade e dos indivíduos. A qualidade do serviço exige um controlo científico da formação e um controlo ético da prática profissional, os quais são assegurados pelo coletivo de pares, uma vez que apenas os pares, através de associações que reúnem todos os membros, podem constituir-se garante da qualidade da formação e do valor das prestações profissionais. São exemplos de profissão, no mundo de língua inglesa, os médicos e os advogados. Nos EUA, o estatuto de profissão é atribuído juridicamente a um número reduzido de ocupações por um conselho, após avaliação das ocupações candidatas. Às "verdadeiras profissões" é atribuído poder de regulamentação e de controlo sobre a atividade dos membros. Têm, para esse efeito, as suas instituições de formação, as suas associações ou ordens, códigos deontológicos, etc. A atividade dos profissionais está associada a valores de orientação altruístas, mas também a elevados rendimentos, estatuto e poder. O acesso à atividade é reservado aos titulares de diplomas e membros das associações ou ordens.

No mundo anglo-saxónico, o termo profissão distingue pois categorias de elevado poder e prestígio, estatuto e rendimento, e o profissionalismo é entendido como uma forma de organização do trabalho, contrastando com formas hierárquicas e burocráticas de controlo das organizações industriais. A sociologia das profissões baseada na análise funcionalista nasce associada a estes processos formais de reconhecimento público do estatuto superior de algumas ocupações. A questão central é saber o que é uma profissão e quais são os seus traços distintivos. Com a definição de um tipo ideal e a identificação dos traços distintivos das profissões, a sociologia das profissões contribuiu para a racionalização dos discursos, a organização dos argumentos e a definição dos critérios que baseiam as decisões neste domínio. Por outro lado, a sociologia das profissões tributária da análise interacionista orientará o seu trabalho de investigação para esclarecer a questão das condições e processos que permitem a algumas ocupações alcançar o estatuto de profissão. São estas duas visões alternativas e complementares que, no mundo anglo-saxónico, fundarão um campo de pesquisa empírica e analítica em torno do objeto profissões.

No mundo das línguas latinas, o termo profissão não designa grupos ocupacionais específicos, antes podendo referir-se a um ofício, uma ocupação, uma atividade profissional, um emprego, uma corporação, etc., não existindo tradução unívoca para a palavra inglesa profession. Termos como profissões liberais ou profissões científicas são por vezes propostos como equivalentes, embora recubram realidades muito diferentes. Em França, como em Portugal e noutros países latinos, existem também ocupações com prerrogativas, com poderes de auto-regulação e de acesso reservado a titulares de diplomas, mas tais ocupações não se unificam sob uma designação ou conceito comum. Tais ocupações correspondem a atividades heterogéneas, incluindo grupos com estatutos diversificados que têm em comum apenas o controlo de entrada na atividade e o controlo das condições de mobilidade interna. Uma outra grande diferença em relação ao mundo anglo-saxónico, é que a construção destas situações resultou, em muitos casos, da ação do Estado através de decisões em matéria de regulamentação, isto é, de estabelecimento de condições para o exercício de algumas ocupações, tendo sido um dos principais interessados na definição das características das profissões e na atribuição do respetivo mandato profissional. No Continente europeu, o Estado é o garante da legitimidade dos grupos profissionais, licenciando a atividade, definindo standards de prática e de regulação, promovendo a formação e pagando aos profissionais e peritos os serviços públicos prestados.

Autores como Eliot Friedson (2001), Claude Dubar e Pierre Tripier (1998), Michel Burrage e Rolf Torstendahl (1990) apontam múltiplas razões para explicar estas diferenças e o facto de a sociologia na Europa, sobretudo a sociologia francesa, chegar muito mais tarde e por outro caminho à análise do fenómeno das profissões. Destacam o papel do Estado, isto é, a forma como, em diferentes países, os estados estabeleceram e enquadraram a iniciativa dos grupos de interesses da sociedade civil. Reconhecem, ainda, que a influência das teorias clássicas marxistas e do conceito de classe social no desenvolvimento da sociologia europeia foram também fatores decisivos naquele atraso.

Tradicionalmente, na sociologia europeia a atenção esteve centrada no mundo do trabalho industrial, no interior das fábricas, desenvolvendo-se o estudo destes meios sociais sob a designação de sociologia do trabalho. São temas dominantes desta tradição a evolução do trabalho operário, as recomposições e atividades emergentes, as resistências à mudança e os movimentos das identidades coletivas e de ação coletiva, concretizados no estudo dos sindicatos e dos conflitos de trabalho (Freire, 1993). Mais tarde, as discussões sobre a sociedade pós-industrial conduzirão a um olhar sobre as diversas categorias que compõem a população ativa e a sua estrutura, daí resultando trabalhos de investigação sobre categorias como os quadros, os gestores e as funções de enquadramento, embora numa perspetiva muito diferente da proposta pela sociologia anglo-saxónica (Boltansky, 1982). O fechamento e a estruturação interna de alguns grupos ocupacionais, constituindo verdadeiras corporações ou *corpos* poderosos de interesses, serão explicados como obedecendo a lógicas não puramente profissionais, mas inscritas numa lógica social de dominação das elites que acumulam capital social, cultural, económico e simbólico (Bourdieu, 1989).

Paralelamente, questões como as do emprego e do desemprego chamam a atenção para os problemas relativos ao funcionamento do mercado de trabalho, em especial dos mercados protegidos por regras específicas relativas a carreiras de formação e de experiência, que podem conduzir à constituição de monopólios. Todavia, ainda aqui, as profissões, no sentido anglo-saxónico, são apenas uma espécie, num género mais vasto designado por mercados de trabalho fechados, cuja constituição pode resultar da ação de grupos ocupacionais, do Estado ou de grandes empresas empregadoras, as quais funcionam como mercados internos controlados (Segrestin, 1986).

Um contributo decisivo para o encontro entre estes ramos do conhecimento sobre as profissões, bem como para a afirmação da sociologia das profissões na Europa, foi o desenvolvimento de estudos comparados sobre a emergência e consolidação de profissões como a dos médicos, advogados e engenheiros, de um e de outro lado do Atlântico, reunidos e publicados, por exemplo, por Rolf Thorstendahl e Michel Burrage

(1990), ou por Yvete Lucas e Claude Dubar (1994). É porém a criação, em 1998, do Research Commitee 52: Sociology of Professional Groups, da Associação Internacional de Sociologia, que marca o encontro definitivo da sociologia anglo-saxónica e da sociologia europeia em torno de um objeto comum – os grupos profissionais ou ocupacionais – e de um património cognitivo partilhado.

Hoje, a sociologia das profissões ultrapassou já as questões fundadoras sobre o que é uma profissão, quais os traços que distinguem as profissões dos restantes grupos ocupacionais ou quais os processos de negociação e conflito que permitem adquirir o estatuto de profissão. No que respeita à definição de profissão e ao objeto de estudo da disciplina, as antinomias que durante décadas opuseram a abordagem funcionalista (substancialista) à abordagem interaccionista (contingente) foram superadas com o contributo de autores como Johson, Larson, Abbott e Freidson. Estes autores, entre outros, introduziram profundidade na análise das profissões, colocando novas questões relacionadas com o poder e a autonomia profissional, com a natureza do conhecimento e das competências mobilizados no exercício da atividade profissional, com os recursos usados nas disputas jurisdicionais, nos campos da atividade ou do conhecimento, e impuseram uma visão mais abrangente sobre o papel das profissões no desenvolvimento do Estado social e da economia de mercado.

Durante os anos 1970 e 1980, foram dominantes abordagens centradas na crítica das profissões, baseadas na ideia de que o profissionalismo é uma ideologia (Johnson, 1972) e a profissionalização um processo de fechamento de mercado e controlo monopolista do trabalho (Larson, 1977), o qual serviria para promover o auto-interesse dos próprios em termos de remuneração, estatuto e poder. Dominava também uma visão pessimista sobre o futuro das profissões, que enfatizava uma tendência para a desprofissionalização e a proletarização, decorrente das mudanças nas condições de trabalho e de exercício profissional em contextos organizacionais.

Desde o final dos anos 1990 que se observa uma inflexão nos estudos sobre as profissões, sobretudo com o contributo de Freidson (2001).

A abordagem crítica do poder das profissões passou a ser mitigada e, considerando os resultados de investigação empírica mais recente, registaram-se novas alterações no estudo das profissões.

Em primeiro lugar, o reconhecimento do papel do Estado como ator independente nos processos de profissionalização, refletido na existência de profissões cujo processo de afirmação resultou de projetos do Estado e não de projetos de profissionalização conduzidos pelos próprios grupos ocupacionais. São exemplos sempre referidos como paradigmáticos os professores e os juízes, a quem o Estado atribui os mandatos e as licenças e reconhece as credenciais. Abre-se assim uma nova agenda, marcada pela análise dos fatores e das condições em que o Estado decide proteger alguns grupos ocupacionais e atribuir-lhes estatuto específico.

Em segundo lugar, o reconhecimento de que o desafio colocado à sociologia das profissões consiste na análise das condições de preservação da autonomia profissional como terceira forma de organização do trabalho essencial à defesa do interesse público e à qualidade dos serviços profissionais, mais do que o da crítica ao seu poder. A necessidade de equilibrar a autonomia profissional e o poder estrutural das profissões requer a intervenção do Estado e das associações profissionais, que têm um papel importante na minimização dos riscos de degradação da qualidade dos serviços, da litigância e das assimetrias de informação.

Em contraste com visões pessimistas do passado, esta visão sublinha a ideia de que o trabalho profissional, exigindo autonomia de julgamento e decisão e tendo como requisitos conhecimentos e competências fundados em conceitos abstratos e ensino formal, tem uma especificidade e um valor próprios, cujas condições de difusão devem ser analisados. Evetts (2011) identifica duas dinâmicas de difusão do profissionalismo. A dinâmica interna, isto é, o uso do discurso do profissionalismo pelos próprios grupos ocupacionais para construir a identidade profissional e promover uma imagem junto de clientes ou de instituições empregadoras, incorporando os princípios da autoridade colegial, das relações baseadas na confiança e na autonomia no julgamento e avaliação pelos profissionais, da cooperação e dos códigos de ética definidos e controlados por associações e instituições profissionais. A dinâmica externa, isto é, a influência sobre determinados grupos ocupacionais de forças externas, sejam empregadores ou gestores. Com o aumento do número de profissionais integrados em empresas e organizações mais exigentes e intensivas em conhecimento, o discurso do profissionalismo integrou a literatura da gestão e os manuais de formação, sendo usado como um *slogan* de *marketing* nas campanhas de recrutamento e funcionando como um mecanismo de controlo e regulação ocupacional. O profissionalismo transformou-se num instrumento de mudança ocupacional, atingindo largos grupos ocupacionais em diferentes contextos e condições de trabalho, de organização e de relações de emprego, sendo percebido pelos membros dos grupos, em muitos casos, como instrumental para melhorar o estatuto e os rendimentos individuais e coletivos.

Podemos concluir afirmando que se reconhece hoje a importância do tipo ideal *profissão*, bem como dos conceitos *profissionalização, projeto profissional* e *profissionalismo*, para a compreensão dos fenómenos associados à génese e desenvolvimento de grupos ocupacionais e à formação das identidades profissionais, isto é, identidades sociais baseadas em critérios relacionados com qualificações, competências e atividade profissional. Porém, mais do que identificar e distinguir profissões, o desafio da sociologia das profissões consiste em analisar e compreender as manifestações do *modelo profissional* e do *profissionalismo* na emergência e desenvolvimento de profissões e grupos ocupacionais que são marcados pela diversidade de modelos de organização, pela heterogeneidade interna, pela imprecisão das fronteiras que os separam, pela diversidade de critérios de unificação e por outras especificidades decorrentes dos contextos históricos e geopolíticos associados à sua génese. O desafio consiste em identificar os atores envolvidos nesses processos – associações profissionais, Estado, universidades, entidades empregadoras e utilizadores dos serviços profissionais – e os recursos que mobilizam. As articulações entre conhecimentos e competência, entre credenciação, proteção e monopólio, entre autonomia e controlo profissional, bem como as condições sociais e históricas da sua construção e a identificação dos atores envolvidos constituem o objeto central de uma nova sociologia das profissões.

Nos trabalhos recentemente publicados por alguns dos autores que se apresentam atualmente como referência nos estudos sobre profissões, podemos identificar duas preocupações analíticas (Evetts, Champy, Freidson e os trabalhos reunidos em livro por Demaziére et Gadea).

Em primeiro lugar, compreender e explicar mudanças sociais, bem como os impactos sobre os grupos ocupacionais e as profissões, o seu estatuto e as condições de exercício da atividade profissional, decorrentes de tendências operantes em dois planos. No plano da divisão social do trabalho, o aumento do número de profissionais e os processos de recomposição das profissões ou grupos profissionais referenciados nas classificações oficiais, a emergência de grupos ocupacionais com *projetos de profissionalização,* que aspiram ao reconhecimento público e ao estatuto de profissão regulamentada ou protegida. No plano da organização do mercado de trabalho e do emprego, o aumento do número de profissionais exercendo a profissão no contexto de organizações, a difusão do discurso e dos princípios do profissionalismo nos modelos de gestão das organizações, a adoção do discurso e dos princípios do modelo de gestão pelos grupos profissionais, bem como a difusão simultânea dos princípios do credencialismo, do fechamento de mercados de trabalho e do controlo administrativo e burocrático da atividade dos profissionais.

Em segundo lugar, compreender e explicar o papel dos grupos profissionais e do profissionalismo no funcionamento da economia de mercado e no desenvolvimento das organizações, na construção e na defesa do Estado social e o seu contributo para o funcionamento dos regimes democráticos e pluralistas e para a defesa do interesse público.

Ambivalência nas profissões

Abbott, um dos autores contemporâneos da sociologia das profissões, abre o seu livro mais divulgado dizendo:

> As profissões dominam o nosso mundo. São profissionais que tratam do nosso corpo e nos salvam a alma [têm a seu cargo a resolução de pro-

blemas da vida e da morte, da sobrevivência, da justiça, da riqueza e do bem-estar, do controlo dos riscos e das incertezas]. Entretanto as pessoas são, no geral, bastante ambivalentes no que respeita às profissões. Para uns [ou em algumas circunstâncias] valoriza-se o conhecimento dos profissionais e a sua competência na resolução de problemas concretos; para outros [ou noutras circunstâncias] a história das profissões resume-se a uma crónica lamentável de monopólio, privilégios e exploração (Abbott, 1988: 1).

A noção de ambivalência é também mobilizada por Weber (1922) e por Gouldner (1954) na análise das funções e dos efeitos da burocracia. No caso das profissões, a ambivalência e os sentidos contraditórios presentes na forma como estas são percebidas são explicados por Merton (1982) com recurso ao conceito de *altruísmo institucionalizado*. Segundo Merton, a hostilidade de que são alvo as profissões, bem como a descrença na autoridade do seu conhecimento, no seu altruísmo e no sentido de defesa do interesse público, resultam da distância entre as expectativas de comportamento altruísta – ou altruísmo institucionalizado – e as condições concretas de exercício profissional.

A ambivalência com que se olham as profissões tem expressão em diferentes planos. No plano das relações dos profissionais com os utilizadores dos serviços profissionais, identificam-se os mecanismos de reforço do poder profissional, de distanciamento social e de dependência que envolvem profissionais e clientes, mas reconhece-se que na base do poder e da autonomia profissional residem conhecimentos e competências profissionais mobilizados para a resolução de problemas.

No plano meso, observam-se as estratégias de construção e institucionalização de mercados profissionais fechados e o papel de instituições como as universidades e as associações profissionais na promoção do auto-interesse dos próprios em termos de remuneração, estatuto e poder. Contudo, e simultaneamente, reconhece-se a importância dos princípios da colegialidade e da cooperação, na base do funcionamento das associações de pares, para o desenvolvimento do conhecimento, da inovação, da qualidade dos serviços prestados e também para a defesa do interesse público.

No plano macro, observa-se o fenómeno das profissões no quadro do funcionamento das sociedades e da articulação com a expansão do sistema económico capitalista ou a consolidação dos estados modernos, reconhecendo-se o seu contributo para o desenvolvimento das sociedades de bem-estar. Esta dualidade tem uma expressão particular, decorrente do facto de o fenómeno das profissões regulamentadas ter estado associado à construção de regimes autoritários e corporativos, num passado ainda recente. Nos regimes democráticos, as profissões, enquanto categoria social e económica, persistem como traço estrutural da sociedade, com grande visibilidade pública. E a questão muitas vezes colocada por cidadãos e por sociólogos incide, justamente, sobre a possibilidade de compatibilizar as profissões (grupos de interesse fechados estabelecendo monopólios e impedindo o livre acesso ao mercado), com a defesa do interesse público e a democracia política. Como é que se combinam as várias liberdades – de acesso, de expressão, de associação, entre outras – com a necessidade de o Estado regulamentar as atividades e garantir a qualidade do serviço profissional e o equilíbrio de interesses? Freidson é talvez o autor que leva mais longe a reflexão sobre esta ambivalência. Nos seus primeiros trabalhos, contribui para uma visão crítica dos processos de construção do poder profissional. Porém, no seu último livro, concentrou-se na defesa da ideia de que as profissões podem ser importantes instituições de defesa dos regimes democráticos e do interesse público.

A ambivalência, no olhar e na observação, é induzida pelo facto de as profissões conterem em si próprias lógicas institucionais divergentes e de se desenvolverem em sentidos contraditórios. Três debates têm marcado a análise do sentido de evolução das profissões: (i) o debate sobre o crescimento do fenómeno das profissões, em dimensão e em complexidade, e a difusão do profissionalismo; (ii) o debate sobre o contexto social e cultural em que tal crescimento se processa e sobre as perceções do valor social das profissões; e finalmente (iii) o debate em torno da responsabilidade pública das associações ou ordens profissionais, responsabilidade que não se esgota na definição de códigos deontológicos e disciplinares, antes passa, sobretudo, pelo controlo da sua efetiva aplicação.

O crescimento das profissões e a difusão do profissionalismo

Nas últimas décadas, a estrutura ocupacional e o quadro da divisão social do trabalho, analisado através, por exemplo, dos sistemas de classificação oficial das profissões, sofreu processos de recomposição. Esses processos decorreram da crescente especialização e subespecialização do trabalho, bem como da crescente exigência de conhecimento científico e técnico no exercício das atividades. Em consequência, alterou-se significativamente a posição relativa das profissões tradicionalmente protegidas em relação à de outros grupos profissionais emergentes, o que se traduziu:

- no aumento da dimensão e segmentação interna dos grupos profissionais tradicionais, quer por aumento do número de membros como por multiplicação das especialidades e subespecialidades;
- na emergência e sedimentação de uma maior diversidade de grupos ocupacionais com correspondência a áreas de conhecimento científico ou profissional, os quais aspiram ao estatuto de profissão e usam o discurso do profissionalismo no desenvolvimentos dos projetos profissionais.

A existência de um número muito maior de profissionais no interior de cada profissão e o aumento dos grupos profissionais afeta, em primeiro lugar, a composição interna dos grupos porque, incidindo sobre uma base mais larga de recrutamento, passa a incluir, por exemplo, mulheres e indivíduos de diferentes origens sociais e étnicas, gerando-se novas segmentações internas e uma muito maior complexidade. Em segundo lugar, afeta as condições de exercício profissional, a natureza do trabalho desenvolvido, as condições de remuneração, a inserção e os percursos profissionais, as carreiras, ou seja, o modo como as profissões se relacionam e como se integram no mercado de trabalho, através de organizações públicas ou privadas ou em regime de trabalho por conta própria.

De facto, registam-se também importantes mudanças ao nível do mercado de trabalho e das condições de exercício profissional. Em primeiro lugar, o aumento do emprego de profissionais num número crescente e variado de organizações públicas e privadas, em situação de assalariamento, a par do aumento do número de profissionais em situação de trabalho por conta própria.

Em segundo lugar, o crescente uso, nestas organizações de trabalho, de mecanismos de controlo de gestão do trabalho dos profissionais que incorporam formas de autoridade burocrático-administrativa, bem como de estruturas hierárquicas envolvendo a definição de standards de trabalho e de qualidade, de metas e objetivos, de resultados, de formas externas de regulação e exigências de prestação de contas e de transparência de procedimentos no exercício profissional, o que impõe limites à autonomia e ao poder discricionário de julgamento e decisão dos profissionais. É exemplo desta tendência a introdução de mecanismos de avaliação e controlo externo em organizações como hospitais, escolas e universidades, onde predomina o emprego de profissionais altamente qualificados cuja atividade é tradicionalmente avaliada e controlada por pares.

Em terceiro lugar, a emergência de novas formas de emprego em organizações por incorporação do modelo dos princípios do profissionalismo nas práticas organizacionais. As áreas de gestão de recursos humanos, de medicina no trabalho ou de higiene e segurança no trabalho são exemplos da adoção de procedimentos nas práticas organizacionais que beneficiaram do contributo e do trabalho de profissionais nas organizações por incorporação ou integração dos conhecimentos e competências de profissionais em organizações, substituindo procedimentos e práticas menos favoráveis aos trabalhadores e suas famílias.

Em quarto lugar, a adoção, por parte de grupos profissionais, do discurso e dos princípios da gestão, da racionalidade económica, da eficiência e da transparência, na prestação dos serviços profissionais, colocando limites à autonomia dos profissionais e simultaneamente alargando as suas responsabilidade e funções para os domínios da liderança e da gestão. Exemplo paradigmático da combinação do modelo do profissionalismo com o modelo da gestão burocrático-administrativo é o aumento do emprego de profissionais nos grandes escritórios de advogados.

AS PROFISSÕES E O INTERESSE PÚBLICO

Finalmente, a tendência para a instituição de formas de regulação profissional supranacionais e a abertura de mercados internacionais com regras específicas de reconhecimento de credenciais e de circulação. Por exemplo, o processo de Bolonha, uniformizando a estrutura dos graus do ensino superior e introduzindo novas regras que obrigam ao reconhecimento mútuo dos diplomas, alterou significativamente as regras de circulação e de funcionamento do mercado de serviços profissionais no espaço europeu.

A observação destas alterações, das novas condições da relação entre profissões e mercado de trabalho, tem baseado algumas das teses que apontam para a erosão do fenómeno das profissões e para a chamada tendência à desprofissionalização, sublinhando, sobretudo, os processos de degradação do estatuto profissional. A perplexidade reside justamente na consideração de que, apesar do crescimento dos grupos profissionais e da difusão do seu modelo de organização, as profissões estariam a evoluir no sentido da perda do poder e da relevância social. Tais teses não têm em atenção a complexidade associada ao crescimento das profissões, simplificando excessivamente o quadro de análise. Nesta altura, importa relembrar dois adquiridos da sociologia das profissões.

Primeiro, a análise das condições de exercício, de remuneração e de acesso às profissões ganhará se for articulada com a análise dos efeitos de dimensão, de crescimento e de heterogeneidade interna, nas situações dos profissionais no mercado de trabalho. Em todos os grupos profissionais coexistem profissionais muito bem remunerados e com posições de poder e prestígio, e profissionais com baixas remunerações e funções menos prestigiadas. Por outro lado, a relação entre o estatuto profissional e a situação de exercício profissional, em particular com a integração em organizações públicas ou privadas, requer uma atenção sistemática à existência de *carreiras* como mecanismo de diferenciação e integração profissional.

Segundo, só a análise diacrónica ou temporal permite avaliar em que medida os mecanismos ditos de desprofissionalização funcionam, para o conjunto da profissão, como mecanismos de reforço do poder profissional, através do alargamento da base de recrutamento e do campo de ação dos profissionais. É pois essencial, no estudo das profissões, a comparação no tempo ou no espaço, bem como a identificação das dinâmicas de mudança dos fenómenos que se pretendem analisar. Em síntese, sendo os grupos profissionais dinâmicos e heterogéneos, isto é, internamente segmentados, hierarquizados e, em alguns casos, organizados em *carreiras*, não pode, nunca, tomar-se a parte pelo todo.

Nesta matéria, o que se pode concluir com relativa segurança, no que respeita ao futuro das profissões e ao sentido da sua evolução, é que as alterações internas das profissões, potenciadas por mudanças nas dimensões tecnológicas e de mercado, bem como pelo desenvolvimento das funções do Estado, através, designadamente, do lançamento de políticas públicas, têm consequências muito variadas em termos sectoriais e geográficos. Em alguns casos, assiste-se à criação de postos ou funções requerendo crescente autonomia e responsabilização dos agentes – isto é, à criação de espaços de afirmação do profissionalismo. Noutros, pelo contrário, os postos de trabalho tendem a dispensar ou a desvalorizar as capacidades e as competências individuais – isto é, são criados espaços de desprofissionalização.

Podemos olhar para as alterações observadas como uma ameaça (Champy, 2011) ou como uma oportunidade para as profissões e o profissionalismo (Freidson, 2001). É a diferença entre considerar as profissões como vitimas passivas e sem recursos para reagir às mudanças exteriores, sejam estas mudanças as exigências crescentes de regulação externa, de transparência e de prestação de contas, as exigências de clientes e utilizadores mais qualificados e mais informados ou a emergência de novos grupos ocupacionais disputando alterações jurisdicionais, ou pelo contrário, considerar que as próprias profissões estão envolvidas nos processos de mudança que as afetam e têm a possibilidade de beneficiar, de participar e de contribuir para essas mesmas mudanças. Porém, só a investigação empírica orientada para o esclarecimento do que efetivamente mudou ou está a mudar no mundo das profissões, dos efeitos dessas eventuais mudanças sobre a autonomia de julgamento e decisão dos profissionais ou sobre a confiança pública no seu trabalho, permitirá concluir sobre o sentido das mudanças e o alcance da difusão do profissionalismo.

Crítica e defesa do profissionalismo

As profissões crescem e o profissionalismo difunde-se, mas o contexto social e cultural em que ocorre tal crescimento é também marcado pela ambivalência. O lado mais conhecido dessa ambivalência é o da crítica das profissões e da desconfiança em relação ao profissionalismo, sobretudo baseada nos resultados de alguns estudos realizados na década de 1970. Nesses estudos, considera-se que as profissões têm uma função social negativa, na medida em que a ideologia do profissionalismo estaria na base do desenvolvimento de mecanismos de fechamento social e de exclusão, originando e reproduzindo situações de dominação, de privilégio e de desigualdade social e económica. Autores desses estudos, como Larson, sublinham que o monopólio do mercado de serviços profissionais e a orientação dominante por motivações económicas e de defesa do interesse privado dos seus membros são as características-chave das profissões.

No debate então lançado participaram outros autores que, em alternativa, sublinharam a função social positiva das profissões. Deste lado da ambivalência, destacam-se vários aspetos. Em primeiro lugar, destaca-se que as profissões assentam num sistema de regras e de valores modernos, como os da racionalidade e do conhecimento, da meritocracia, da igualdade de oportunidades, do bem-estar social e da justiça, os quais se articulam de forma coerente com os sistemas de regras tendencialmente dominantes nas sociedades modernas e democráticas. Em segundo lugar, que no sistema de regras e de valores em que as profissões assentam estão inscritas a motivação altruísta e a orientação da ação para o desenvolvimento do conhecimento, da realização competente, da melhoria da qualidade dos serviços prestados e para a defesa do interesse público, e que estas motivações não são sempre, nem forçosamente, incompatíveis com o auto-interesse do profissional. Em terceiro lugar, considera-se que as profissões constituem uma forma alternativa de organização do trabalho e de autoridade baseada no conhecimento, e não em características individuais (como a raça, o sexo ou a idade) ou em recursos herdados (como a propriedade de capital ou a origem social). Finalmente, em quarto lugar, defende-se que monopólios como o do credencialismo são elementos chave dos privilégios económicos dos profissionais, mas são também elementos--chave na realização de trabalho competente, no desenvolvimento do conhecimento e dos saberes profissionais. O controlo da formação, da certificação e da prática profissional estão na base também dos elevados padrões de qualidade alcançados em muitas áreas de conhecimento. Freidson (2001), no seu livro último, é o autor que contribui de forma mais explícita para esta reflexão, afirmando mesmo que:

> Sem um certo fechamento ou proteção não se concretiza o desenvolvimento disciplinar de um corpo formalizado de conhecimentos que requer a existência de grupos sociais cujos membros se identificam pela prática ou pela aprendizagem, distinguindo-se de outros pelo conjunto de tarefas, conceitos, problemas de trabalho e conjunto de soluções. [E pergunta:] que alternativas existem ao credencialismo na seleção e atribuição de lugares de trabalho? (Freidson, 2001: 202).

Freidson defende o profissionalismo como forma alternativa de organização e controlo do trabalho, com uma lógica específica oposta às formas de organização do trabalho pelo mercado ou pelo modo buro-crático-administrativo, explicitando a dimensão política da análise sociológica das profissões. Reconhece que as profissões, sendo instituições que visam a resolução de problemas individuais e coletivos, têm na base um desequilíbrio de poderes: do lado dos profissionais, o poder, a autonomia, a independência, o poder discricionário na definição do conteúdo e da organização do seu trabalho (controlo ocupacional); do lado dos clientes e utilizadores dos serviços profissionais, a confiança construída a partir das redes de interconhecimento e da avaliação das prestações e dos resultados. No funcionamento do mercado dos serviços profissionais são decisivos os códigos de ética e a qualidade dos serviços prestados e das instituições que os asseguram – instituições de formação e associações profissionais –, sendo que a eficácia e a qualidade dos serviços prestados alimentam a confiança dos utilizadores e a confiança estimula a procura de eficácia e de resultados por parte dos profissionais. As profissões, pela natureza das atividades, a autonomia de julgamento e decisão, a longa formação e competências requeridas são a antítese de formas de organização do trabalho rotinizado, desqualificado, subordinado e dependente, sendo portanto desejável a difusão dos seus princípios, ou seja dos princípios do profissionalismo.

Estes debates de crítica e de defesa das profissões ganharam nova atualidade nos últimos anos com os processos de privatização de sistemas públicos e a avaliação dos seus resultados. Na Europa, decorre, em vários países, desde meados dos anos 1980, um movimento de privatizações e de mudanças no modelo de gestão dos serviços públicos, de serviços de transporte e de distribuição de energia elétrica e água, até serviços de saúde e de educação. Estes serviços têm em comum o facto de sustentarem a sua atividade em grupos profissionais. Uma das justificações deste movimento tem subjacente a ideia de que é necessário tornar os serviços públicos mais eficientes e mais produtivos e que parte da sua ineficiência se deve à incapacidade do Estado lidar com o poder corporativo dos corpos profissionais, e com o facto de estes se orientarem pela defesa dos seus interesses, os quais se sobreporiam muitas vezes ao interesse público. Defende-se, ainda, que melhorias de eficiência e de produtividade podem ser alcançadas se os organismos desses sistemas públicos – como hospitais, escolas, universidades e institutos de investigação – adotarem modelos de organização e gestão diferentes, devendo ser, neste novo quadro, dirigidos por gestores e não por profissionais.

Os resultados de tais processos de privatização ou de alteração nos modelos de gestão foram entretanto avaliados. Em alguns casos, reconhece-se a melhoria de qualidade e eficiência dos serviços públicos prestados. Noutros casos conclui-se que se desmantelou o serviço público e se degradou a sua qualidade, tendo sido gravemente lesado o interesse público. Os casos negativos mais paradigmáticos são os da distribuição de energia elétrica nos EUA e o do transporte ferroviário em Inglaterra, cujos processos de privatização resultaram na perda absoluta de qualidade mínima e em acidentes que causaram enormes prejuízos públicos. O estudo e acompanhamento destes processos revelou assim que os grupos profissionais se constituíram, então, como elementos de garantia da defesa do interesse público. Entre o Estado e o mercado, entre as lógicas burocrático-administrativa e a do mercado, os grupos profissionais podem apresentar-se como portadores de valores alternativos orientados para a defesa da qualidade e da universalidade dos serviços profissionais, para a realização do trabalho baseado em critérios de competência, para o desenvolvimento dos conhecimentos e para a independência de julgamento e de ação na prestação do serviço profissional.

A questão da eficiência dos sistemas públicos ganhou nova atualidade, em Portugal como noutros países da Europa, com as exigências de contenção e controlo da despesa pública e de equilíbrio orçamental. Os corpos profissionais estão invariavelmente no centro dos debates e reflexões sobre a possibilidade de mudar ou reformar estes sistemas, na medida em que isso possa afetar a autonomia do seu trabalho e a qualidade dos serviços prestados. Um caso exemplar destes debates é o que se vem fazendo em Portugal acerca da necessidade de reformar o Serviço Nacional de Saúde, envolvendo iniciativas que vão da profissionalização da gestão e empresarialização dos hospitais à prescrição eletrónica de medicamentos, à racionalização das unidades de prestação de cuidados, até à instituição de taxas moderadoras ou de mecanismos de copagamento. Vale a pena discutir um pouco melhor este exemplo.

Em Portugal, o Serviço Nacional de Saúde, instituído e desenvolvido nos últimos 30 anos, alcançou níveis de qualidade e abrangência muito elevados como o comprovam todas as avaliações internacionais e a evolução de indicadores como a taxa de mortalidade infantil e a esperança média de vida. Tal desenvolvimento foi largamente tributário da atividade dos médicos, baseada nos princípios da organização profissional, isto é, do controlo ocupacional e da autonomia de julgamento, assente em conhecimentos e competências formalmente adquiridas e na colegialidade presente na avaliação da qualidade dos atos e das competências profissionais. O poder médico, que na essência consiste na autonomia de julgamento e decisão de diagnóstico e tratamento, ou seja, no poder discricionário de prescrever, é decisivo para garantir a qualidade mas, simultaneamente, está na origem da impossibilidade de controlo da despesa pública. A necessidade de ganhar eficiência e de tornar sustentável a despesa através de mecanismos de controlo de gestão impõe sempre, em alguma medida, um condicionamento do poder e da autonomia profissional dos médicos. O principal desafio é portanto alcançar um equilíbrio que permita preservar a autonomia e o controlo ocupacional dos médicos, preservar a qualidade dos serviços profissionais e, simultaneamente, definir *standards*, regras de gestão, metas, objetivos e mecanismos de avaliação pelos resultados. Para enfrentar tal desafio importa, no caso dos médicos como no de outras profissões, identificar o papel que pode ser desempenhado pelos diferentes agentes desta mudança: os profissionais e as ordens, os académicos ou investigadores e as universidades, os gestores do sistema e os poderes públicos.

A UE lançou, recentemente, várias iniciativas de desregulamentação das profissões, designadamente jurídicas, tendo em vista a criação de um grande mercado livre de serviços, a preços mais baixos e competitivos. Considera-se que as profissões regulamentadas são um obstáculo ao funcionamento da economia, não se justificando que alguns sectores se mantenham protegidos da concorrência. Discute-se também a legitimidade de tais proteções uma vez que as associações profissionais são na prática pouco efetivas no controlo da qualidade dos serviço e no exercício do poder disciplinar. Favereau (2009), refutando a lógica subjacente ao projeto europeu, defende que a forma de organização e coordenação das profissões tem uma eficácia superior à ordem do mercado e apresenta cinco argumentos em suporte desta sua tese: (1) a concorrência baseada exclusivamente nos preços compromete a qualidade dos serviços; (2) a qualidade dos serviços profissionais só pode ser avaliada pelos pares, pelo que a organização colegial e em rede gera efeitos de cooperação multiforme indispensáveis à construção e consolidação da qualidade dos serviços profissionais; (3) a inovação nas práticas profissionais é também um efeito dessa cooperação e colegialidade; (4) os mecanismos de auto-regulação e avaliação pelos pares permitem promover a qualidade com influência tanto no plano micro dos serviços prestados ao cliente ou organização beneficiária, como no plano macro da construção de sistemas sociais modernos (Estado de direito, sistema de saúde, administração burocrática, sistema de educação, etc.) instituídos com base no conhecimento profissional desenvolvido e coletivamente partilhado; (5) a intemporalidade ou não imediatismo dos investimentos, designadamente na formação de novos profissionais através de aprendizagens em contexto de prática profissional, na transmissão e difusão de informação e conhecimento através das redes de partilha. Favereau termina argumentando que a regulamentação e proteção das profissões, organizadas segundo os princípios da colegialidade e das redes sociais informais de circulação da informação e do conhecimento, são essenciais para a construção e o controlo da qualidade dos serviços e para enfrentar as falhas de mercado. Se as ordens profissionais e as profissões fechadas nem sempre representam o interesse geral, ou se por vezes exercem de forma deficitária o poder disciplinar e de controlo da profissão, ao contrário do que é suposto no modelo de regulação, então deve promover-se uma nova regulamentação, tendo em vista corrigir tais falhas, e devem ser tomadas decisões pelos poderes públicos acerca do tipo ou natureza das atividades profissionais em que se justifica a existência de proteção e o fechamento.

Florent Champy (2011) contribui para este debate com o conceito de profissões de prática prudencial (médicos, magistrados, arquitetos, investigadores, jornalistas, polícias, e outros) ou seja, aquelas profissões em que a singularidade e a complexidade dos problemas a tratar colocam os profissionais perante situações de incerteza irredutível, tornando a sua intervenção particularmente imprevisível e de difícil formalização. A especificidade destas profissões é a de os seus membros, no exercício da atividade profissional, serem confrontados com problemas que, porque são singulares e complexos, se revelam resistentes a um tratamento por aplicação mecânica de princípios científicos. A atividade destes profissionais tem a marca da prudência na medida em que dela dependem, são afetadas ou colocadas em risco as vidas ou o bem-estar de outros.

É sobre este pano de fundo que tem sido debatida a questão da orientação da ação dos profissionais e das suas associações, da prevalência ou não do interesse público sobre o auto-interesse, bem como das condições para uma efetiva independência ou autonomia profissional. Porém, se os estudos mais recentes permitiram uma certa reabilitação das profissões ou o *renascimento do profissionalismo*, como diz Friedson, tal não tem sido suficiente para repor a confiança.

Podemos, talvez, aceitar que a razão da ambivalência radica na própria natureza das profissões. No mundo das profissões, a dedicação extrema, o altruísmo, a autonomia e a elevada competência coexistem com o seu contrário. As visões sobre as profissões podem ser muito divergentes porque elas são, por excelência, instituições que condensam uma grande ambiguidade. Convergem nelas tensões ou conflitos entre vários pares de valores sociais. Entre essas tensões podemos destacar:

- a tensão entre *abertura* e *fechamento social*, ou seja, a tensão resultante da aplicação de normas que visam garantir o princípio democrático da igualdade de oportunidades, especificada, por exemplo, no acesso ao ensino e às profissões, em conflito com os movimentos de proteção de interesses, de fechamento dos mercados de serviços profissionais, minimizando os processos de perda de privilégios e a degradação das condições de trabalho;
- a tensão entre *massificação* e *especificação meritocrática*, ou seja, a tensão entre os processos de massificação que resultam da extensão de direitos e garantias individuais básicos e a diferenciação resultante do mérito ou da desigual distribuição de outros recursos;
- a tensão entre *autonomia* e *controlo*, ou seja, a tensão entre o poder de decisão dos profissionais na resolução de problemas (poder assente na autoridade dos saberes e competências técnicos) e a necessidade de institucionalização de mecanismos de responsabilização individual e de controlo social dos processos e dos resultados;
- a tensão entre *interesse público* e *interesse privado*, ou seja, a tensão resultante da sobreposição (ou da ausência de clarificação) dos interesses, muitas vezes antagónicos, do bem público, do Estado, dos cidadãos,

de grupos económicos organizados, de membros do grupo profissional, da associação que os representa ou do seu líder.

A questão decisiva não é a superação destas tensões mas a construção de equilíbrios que sejam compatíveis com o funcionamento das sociedades democráticas, ou seja a compatibilização de diferentes lógicas institucionais. O fenómeno das profissões induziu uma mudança no mundo do trabalho que se pode resumir na generalização do credencialismo e na extensão das situações de monopólio ou fechamento profissional e de controlo ocupacional. A difusão dos valores do profissionalismo – da competência, da qualidade dos serviços, do conhecimento formal – mudou a relação dos grupos ocupacionais com o mercado de trabalho, mas também com as instituições de ensino. Generalizou-se a exigência de diplomas e de formação formal como condição de acesso a determinadas áreas de atividade, bem como a aspiração à criação de situações de monopólio ou de proteção de mercado e de autonomia profissional.

Esta tendência, quando excessiva ou injustificada técnica e socialmente, em primeiro lugar no que respeita ao credencialismo, pode comprometer o espaço e o valor social da aquisição de competências pela experiência, gerando injustificados processos de uniformização social. Sobretudo, pode comprometer a autonomia e a independência das instituições de ensino, submetendo-as a lógicas exclusivamente profissionais tanto no que respeita ao número de alunos que acedem à formação, como no que respeita à formulação dos conteúdos de ensino. Em segundo lugar, e no que respeita aos monopólios e proteções de mercado, sempre justificados com a defesa da qualidade dos serviços prestados, trata-se, simultaneamente, de mecanismos de fechamento social e de proteção de alguns grupos de interesse, o que implica a exclusão de outros. Nos dois casos, credencialismo e monopólio, a questão decisiva é a do equilíbrio, sob risco de estar em causa o funcionamento da própria democracia. Como diz Friedson (2001):

> Não é o princípio do monopólio profissional baseado nas credenciais de formação e diplomas que é injustificado ou que é a base da exploração,

mas sim as instâncias particulares em que o monopólio e as credenciais não são necessárias ou são abusivas (Friedson, 2001: 206).

A responsabilidade social das associações profissionais

Na construção ou manutenção dos equilíbrios necessários, mas também na conquista da confiança pública nas profissões, têm papel decisivo as instituições de representação profissional, isto é, as associações, ordens ou entidades de regulação profissional. No modelo do profissionalismo, cabem a estas instituições, por delegação de competências do próprio Estado, as funções relativas à definição e controlo das condições de acesso e de exercício da profissão através da definição dos conteúdos profissionais e das competências de formação, bem como da manutenção e reforço da autonomia profissional. Mais importante para o ponto que estamos agora a tratar, cabe-lhes, neste âmbito, a promoção dos valores de orientação para a realização competente e a defesa do interesse público, através da definição de códigos de ética e de conduta profissional e de mecanismos de controlo do seu cumprimento.

A natureza do trabalho dos profissionais permite muitas oportunidades de conflitos de interesses que necessitam de ser controlados. Vimos que um desses potenciais conflitos é o que opõe o auto-interesse a interesse público. Os códigos de ética deveriam especificar pormenorizadamente, e condenar sem ambiguidades, todas as ações e circunstâncias nas quais a posição de privilégio dos profissionais é aplicada para gerar rendimentos e privilégios para além do valor do trabalho realizado.

Por outro lado, evidência empírica relevante aponta para o facto de, em tudo o que respeita ao controlo das condições de exercício profissional e de cumprimento dos códigos de ética, a atividade das ordens ser irrelevante. Vários estudos fazem a análise dos processos disciplinares movidos contra profissionais que infringiram regras de conduta, verificando-se a quase inexistência de aplicação de sanções, contribuindo-se desta forma para alimentar mais a desconfiança do que a confiança nas profissões.

PROFISSÕES

Esta omissão deve-se a um segundo tipo de ambivalência, referenciável, neste caso, ao estatuto das ordens e associações profissionais. A questão é que estas organizações são simultaneamente públicas – de certa forma fazem parte do próprio Estado, com funções de fiscalização – e privadas – representando e defendendo os interesses do grupo profissional e dos seus membros. Esta ambivalência de estatuto, associada a todas as outras tensões que já identificámos, requer, para ser superada, a definição de um programa normativo de convergência das profissões com os regimes democráticos. Esse programa deve incluir, em primeiro lugar, a institucionalização e reforço dos princípios democráticos (do pluralismo, da alternância e da representação) no funcionamento interno das associações, ordens ou conselhos, como primeira garantia da independência das profissões. Em segundo lugar, a manutenção e reforço das articulações com as instituições de formação no respeito pela autonomia académica, a democratização, a abertura e a igualdade de oportunidades de acesso ao ensino superior. Em terceiro lugar, a explicitação das condições e circunstâncias em que o interesse privado (dos membros da profissão) pode colidir com o interesse dos utilizadores dos serviços, e efetivo controlo dessas situações. E, por fim, as questões controversas de decisão política, a procura de clarificação dos vários interesses envolvidos (interesse público, interesse privado dos membros da ordem, interesses económicos organizados, interesse dos utilizadores dos serviços e interesse do Estado), clarificação essa necessária designadamente no caso das decisões que envolvam reforço dos mecanismos de proteção e monopólio do mercado de serviços, ou que envolvam a melhoria das condições técnicas e sociais da prestação e realização competente e independente dos serviços profissionais.

Durante muito tempo prevaleceu a convicção de que a definição dos códigos deontológicos e a instituição de outros mecanismos de auto-regulação eram a garantia necessária e suficiente da defesa do interesse público. Porém, hoje generalizou-se a ideia de que é necessário instituir novos mecanismos de controlo externo das profissões. O principal problema é que estes novos mecanismos são encarados pelos profissionais, em muitos casos, como ameaças à autoridade e à confiança nas profissões, pelo que a introdução de mudanças tem gerado, invariavelmente, enormes conflitos sociais.

Steven Brint, um outro autor que participa nestes debates, no seu livro com o sugestivo título *Na Era dos Peritos. A Mudança do Papel dos Profissionais na Política e na Vida Pública,* argumenta que o profissionalismo se desenvolveu historicamente combinando dois tipos de autoridade: autoridade técnica, resultante do acesso a um corpo de conhecimentos complexos e da realização de um trabalho competente, e autoridade moral, baseada na orientação para a valorização das finalidades sociais e na importante função social do trabalho realizado. E diz que:

> [Função desta autoridade técnica e moral] as profissões, nem democráticas nem capitalistas, jogaram um importante papel na formatação, e por vezes de constrangimento, do desenvolvimento capitalista, impondo o estabelecimento de *standards* de bem-estar social, de formação e de desenvolvimento cultural das populações, criando soluções organizacionais e intelectuais para problemas públicos (Steven Brint, 1994: 16).

A questão, na sua opinião, é que com o crescimento e a massificação das profissões, a prevalência dos valores do mercado e da eficiência económica, as profissões atuais perderam ou estão em vias de perder a dimensão moral da autoridade profissional. Já nem os próprios profissionais afirmam a importância social do seu trabalho como fator distintivo, preferindo afirmar a complexidade do seu conhecimento técnico e a sua relevância económica. Ao longo do livro citado, Steven Brint apresenta toda uma argumentação em favor do desenvolvimento dos valores profissionais, destacando o papel das associações, das universidades e dos intelectuais. Também este autor atribui aos estudos das profissões papel importante na recuperação da autoridade moral das profissões como base da reconstituição da confiança social.

2
Profissões e profissionalismo em Portugal

O fenómeno das profissões, das dinâmicas ocupacionais e corporativistas, tem, em Portugal, uma importância crescente, merecendo ser acompanhado e estudado. Apesar de ausente dos programas dos cursos de sociologia, tem expressão quotidiana nos meios de comunicação social e no espaço de debate público.

Vale a pena recordar alguns casos ocorridos em Portugal, envolvendo diferentes grupos ocupacionais. Primeiro exemplo, a iniciativa, nos anos 1990, gorada por veto da Presidência da República, de regulamentação do ato médico, no sentido do alargamento e consolidação do poder de prescrição dos médicos no mercado dos serviços profissionais de saúde, o que gerou conflitos com 13 outros grupos profissionais, potencialmente afetados por tais mudanças. Segundo exemplo, o debate público em que estiveram implicados vários grupos das profissões jurídicas, a propósito da quebra do monopólio dos notários sobre alguns atos jurídico-administrativos, a favor dos advogados e das conservatórias do registo civil, decidida em 2006. Terceiro exemplo, os múltiplos conflitos envolvendo jovens licenciados em engenharia, em arquitetura e em direito com as respetivas ordens profissionais em torno das condições de acesso à profissão e do reconhecimento dos seus diplomas. Quarto exemplo, as negociações entre a Ordem dos Advogados e o Ministério do Trabalho para estabelecer condições de acesso dos licenciados em Direito à carreira de inspetores de trabalho. Quinto exemplo, o conflito público, no ano de 2006, em torno da aprovação do estatuto dos jornalistas, considerando as novas condições de formação superior para acesso à profissão e o prolongado e recorrente debate acerca da possibilidade de criação de uma ordem dos jornalistas. Sexto exemplo, os conflitos que, nos anos de 1995 e 1996, envolveram a Ordem dos Médicos, as Faculdades de Medicina e o Governo, a propósito do estabelecimento de *numerus clausus* nos cursos de medicina e da abertura de novos cursos e de novas escolas, bem como sobre a possibilidade de realização de um exame de acesso à Ordem, para todos os licenciados em medicina, depois de mais de uma década de crescimento das vagas em Medicina. Por fim, as discussões públicas das posições tomadas pelas diversas ordens e associações profissionais a propósito da adaptação dos cursos do ensino superior ao Processo de Bolonha, bem como as tensões suscitadas a esse propósito.

Estes são apenas alguns exemplos da expressão quotidiana de processos sociais que envolvem e envolveram grupos profissionais. Nestes debates públicos, em regra, manifestam-se tensões, conflitos ou processos negociais entre grupos profissionais, discutindo-se as questões da qualidade dos serviços, da ética e da defesa do interesse público, das condições de acesso e de manutenção ou alargamento das áreas de atividade, dos valores da autonomia e da independência, das necessidades do mercado dos serviços e da legitimidade dos mecanismos sociais de controlo e responsabilização. Em todos os casos, estiveram envolvidos atores como o Estado, as associações profissionais, as universidades e, por vezes, até os utilizadores dos serviços profissionais. O pano de fundo destas manifestações é o crescimento e a diversificação do fenómeno das profissões, ou seja, o aumento dos grupos ocupacionais e do número dos seus membros, a expansão do associativismo profissional, bem como o que podemos designar por difusão do modelo profissional no mundo do trabalho, com alterações significativas na estrutura ocupacional e nas condições de trabalho e de emprego dos membros dos grupos profissionais.

É crescente o número de profissões regulamentadas, como é crescente o número de grupos ocupacionais que aspiram ao estatuto de profissão. Em Portugal, existem atualmente cerca de 17 ordens e mais de 400 associações profissionais, de entre as quais uma parte significativa aspira ao estatuto de associação pública. É crescente também o número de profissionais e potenciais membros das associações profissionais. Dois exemplos apenas: o grupo profissional dos engenheiros, em Portugal, que nos anos 1970 tinha cerca de 15.000 membros, comporta atualmente mais de 100.000; em 1974, os advogados eram cerca de 3.000, atualmente são perto de 30.000.

Na base do crescimento das profissões está, como sabemos, a expansão do ensino superior que, a partir dos anos 1970, passou a colocar no mercado de trabalho milhares de ativos com diploma nas mais variadas áreas de estudo e conhecimento. Em Portugal, o número de ativos que completou o ensino superior ultrapassou em 2011 os 900.000, tendo quase duplicado nos últimos 10 anos e representando hoje cerca de 19% da população economicamente ativa. Mesmo considerando que um terço, ou seja, cerca de 300.000 dos diplomados do ensino superior se concentra ainda em sectores da administração pública como a educação e a saúde, esta proporção tem vindo a diminuir, aumentando o peso dos diplomados do ensino superior nos vários sectores de atividade. Nos próximos anos, o número de diplomados do ensino superior a chegar ao mercado de trabalho continuará, previsivelmente, a crescer, assim como continuarão a diversificar-se as áreas de formação. Atualmente, em Portugal, a população estudantil no ensino superior é da ordem dos 400 mil indivíduos, sendo o número médio anual de diplomados de cerca de 80 mil, tendo-se multiplicado os cursos, o nível e o tipo de formações.

O estudo coordenado por João Freire, publicado em 2004, sobre associativismo profissional em Portugal, permite identificar a dimensão, diversidade e complexidade deste movimento enquanto manifestação da difusão do modelo profissional, do profissionalismo e da sua ideologia, junto de vastos segmentos do mercado de trabalho e da sociedade em geral. A difusão do profissionalismo não se traduz apenas no crescimento de um tipo particular de associativismo para a representação de interesses de grupos ocupacionais, recobre sobretudo o desenvolvimento de projetos de profissionalização cuja concretização passa pelo estabelecimento ou reforço de ligações com o sistema formal de ensino, pelo controlo do sistema de atribuição de diplomas e títulos, bem como pelo controlo das condições de exercício profissional.

PROFISSÕES

É provável que se continue a assistir ao crescimento e complexificação das dinâmicas do profissionalismo, tendo em conta desenvolvimentos recentes na sociedade portuguesa, como o crescimento do sistema de ensino, o aumento do número de diplomados do ensino superior e a crescente especialização e diversificação das áreas de formação, por um lado, e as alterações no mundo do trabalho no que respeita às condições técnico-organizacionais de exercício da atividade em alguns sectores económicos, por outro. Estas alterações, potenciadas por mudanças nas dimensões tecnológicas e de mercado, são muito variadas em termos sectoriais e geográficos. Em alguns casos, assiste-se à criação de postos ou funções requerendo crescente autonomia e responsabilização dos agentes, noutros os postos de trabalho definidos tendem a dispensar ou a desvalorizar as capacidades e as competências individuais.

Apresentaremos apenas quatro questões críticas relacionadas com o fenómeno das profissões e a difusão do profissionalismo que justificam, por si, um investimento maior no ensino e na investigação nesta área: (i) o crescimento do número de diplomados no mercado de trabalho; (ii) as articulações entre o sistema de ensino e as profissões; (iii) a diversificação do movimento associativo de base profissional; (iv) a transformação das ordens em modelo de associativismo profissional.

O crescimento dos diplomados no mercado de trabalho

Nos últimos 20 anos verificou-se, na sociedade portuguesa, um crescimento assinalável do nível de instrução da população ativa, incluindo o número de diplomados do ensino superior que passa de cerca de 200.000 para cerca de 900.000. Este crescimento tem uma correspondência direta no número de ativos classificados nas profissões científicas e técnicas.

No quadro 1 a análise da distribuição dos ativos diplomados do ensino superior pela lista das profissões (CNP a três dígitos) permite verificar que, entre 1991 e 2011, diminui de cerca de 85% para 79% o número dos que se classificam no grupo dos especialistas das profissões científicas e técnicas. Em contrapartida, nas décadas de referência, aumentou o número de diplomados do ensino superior nos grupos profissionais de dirigentes, técnicos médios, administrativos e outros. São mudanças que resultam de processos de qualificação de postos e funções em vários sectores de atividade nos quais cresceram, concomitantemente, as exigências de qualificações formais dos trabalhadores recrutados. Por outro lado, indiciam ainda, simultaneamente, tanto o fenómeno designado por muitos autores de "desvalorização dos diplomas", como a extensão do sistema de credenciação que tem atingido muitos grupos profissionais antes designados como técnicos médios (por exemplo, na área da saúde). Trata-se, em qualquer caso, de indicadores que suscitam interrogações e cuja análise merece ser aprofundada.

Quadro 1. População ativa com emprego que completou o ensino superior por grupos de profissões, 1991, 2001 e 2011

Grupos de profissões	1991		2001		2011	
	n	%	n	%	n	%
Dirigentes	17.004	7,6	52.947	9,2	81.884	9,1
Especialistas e técnicos	190.645	85,2	455.147	79,3	714.924	79,0
Administrativos	8.623	3,8	38.172	6,6	58.464	6,4
Trabalhadores dos serviços	3.404	1,5	13.074	2,3	30.681	3,4
Trabalhadores da agricultura	524	0,2	1.156	0,2	4.671	0,5
Operários e trabalhadores não qualificados	3.497	1,5	12.603	2,2	13.030	1,4
Total	223.697	100,0	573.099	100,0	903.654	100,0

Fontes: INE, *Recenseamento Geral da População*, 1991 e 2001; INE, *Inquérito ao Emprego*, 2011.

Os chamados novos modos de gestão da mão-de-obra, por parte das empresas ou outras entidades empregadoras em sectores emergentes ou de modernização recente, são dominados por um discurso sobre a flexibilização e a competitividade que valoriza o profissionalismo, isto é, a especialização técnica, a pericialidade (expertise) e o sentido ético e de responsabilidade individual nas relações de trabalho. Um dos resultados desta orientação é o recrutamento de diplomados do ensino superior para postos ou tarefas tradicionalmente desempenhados por indivíduos com menor nível de qualificação. Existem na sociedade portuguesa muitos exemplos desta elevação do nível de qualificação exigido para o preenchimento de determinados postos ou exercício de determinadas funções, de que talvez o caso mais paradigmático seja o dos postos de atendimento aos balcões dos bancos e seguradoras, atualmente preenchidos exclusivamente por diplomados do ensino superior. São igualmente exemplos desta tendência o processo de qualificação dos professores do primeiro ciclo e dos educadores de infância, profissões que foram progressivamente aumentando as exigências de qualificação dos seus membros, sendo hoje necessário o diploma de mestrado para o exercício dessas profissões. Poderíamos multiplicar os exemplos no sector da saúde, no qual o caso dos enfermeiros é igualmente paradigmático. Estas tendências são por vezes acompanhadas por discursos gestionários e de mudança nas designações dos postos, em si mesmos valorizadores da imagem das funções e das tarefas, por aproximação ou simples analogia com o modelo profissional, e isto, muitas vezes, independentemente da efetiva complexificação ou aumento da qualificação dos postos ou tarefas decorrentes de eventuais mudanças técnico-organizacionais.

O número de diplomados do ensino superior que chega ao mercado de trabalho continuará, previsivelmente, a crescer nos próximos anos. Atualmente, a população discente do ensino superior é da ordem dos 400.000 indivíduos, sendo o número médio anual de novos ingressos, nos últimos cinco anos, de cerca de 100.000, e o número de diplomados de cerca de 80.000. O crescente número de diplomados do ensino superior disponíveis para entrar no mercado de trabalho, no qual persistem vastos sectores tradicionalmente pouco exigentes em termos de qualificações, com permanência de estruturas produtivas ultrapassadas, baixos níveis de produtividade e de remuneração salarial e métodos de gestão retrógrados, tem consequências contraditórias. Por um lado, constitui um recurso de modernização e desenvolvimento inegável mas, por outro, tende a criar tensões resultantes do desajustamento entre as expectativas dos diplomados e as oportunidades efetivas de concretização dos seus projetos profissionais, bem como a gerar dinâmicas elitistas de fechamento ou desvalorização do sistema formal de ensino. Esta é certamente uma questão crítica. A adequação das qualificações dos diplomados e dos seus títulos às qualificações ou exigências dos postos ou funções, bem como os critérios que presidem à sua definição e construção, tanto do lado das instituições de ensino e formação como do lado das instituições empregadoras, são tradicionalmente campo de conflitos e de negociação nas relações de trabalho. São, por excelência, o lugar de encontro dos vários sistemas de classificação social.

Apesar de tudo, a difusão do modelo profissional parece ocorrer num contexto cultural e económico dominantemente favorável e para o qual concorrem, designadamente, estratégias desenvolvidas por empresas e instituições empregadoras, trabalhadores e instituições de formação, estando na base da emergência de alterações ao nível da organização e das relações de trabalho, embora afetando de forma diversa os diferentes sectores. As condições de inserção e progressão no mercado de trabalho, da construção ou requalificação dos postos, tarefas, funções e sectores de atividade, das situações concretas de trabalho, das relações de trabalho, das condições de participação, autonomia e controlo do trabalho constituem, certamente, um campo de estudo pertinente.

Articulações entre o sistema de ensino e as profissões

A difusão do modelo profissional manifesta-se na afirmação e institucionalização de competências técnicas cientificamente fundadas e adquiridas através de uma formação profissional longa em estabelecimentos especializados. A ligação dos grupos ocupacionais ao sistema formal de ensino é, por um lado, fator estratégico de inclusão no espaço académico e consequente reforço ou afirmação da componente técnico-científica da atividade desenvolvida e, por outro, condição básica da autonomia profissional. A principal consequência é o aumento tendencial dos níveis e do tempo de formação formal e de qualificação, abrangendo progressivamente grupos ocupacionais cujo exercício, durante anos, podia ser assegurado por profissionais com formação formal de curta duração, ou mesmo por "amadores" com competências adquiridas sobretudo pela prática da profissão. Arqueólogos, jornalistas, músicos, atores, professores primários ou enfermeiros são, como vimos, exemplos de ocupações que eram, num passado ainda recente, menos exigentes do ponto de vista do número de anos de formação formal necessários para a entrada na profissão, mas onde, em contrapartida, era mais valorizada a experiência e a prática profissionais. Neste movimento participam os grupos profissionais, através das suas associações representativas, o Estado, as instituições empregadoras e as próprias instituições de ensino.

Do lado das instituições de ensino, ocorre uma resposta positiva e convergente com tal estratégia que se tem traduzido numa abertura progressiva ao reconhecimento de novas áreas disciplinares e de integração de atividades profissionais na lógica académica, conferindo-lhes um novo estatuto. As instituições de ensino participam assim na concretização das estratégias de projeto profissional dos diferentes grupos e na legitimação do movimento. Esta convergência foi, nos últimos anos, reforçada pelo processo de democratização e expansão do sistema de ensino superior e pela crescente exigência, feita às instituições de ensino, de relevância social e económica da formação prestada e da sua ligação ao mercado de trabalho.

A questão crítica desta articulação entre as profissões e as instituições de ensino reside no facto de as profissões tenderem, por definição, ao fechamento. Isto é, no próprio processo de regulação e controlo do exercício da atividade está inscrito o controlo das condições de acesso à profissão e a tendência para a proteção dos respetivos segmentos de mercado. Quando a esta tendência de fechamento das profissões se soma a aliança, com vínculos fortes, entre grupos profissionais e instituições de ensino, pode assistir-se à emergência de lógicas de monopolização. O modelo de certificação por diploma atribuído por instituições do sistema de ensino e formação constitui então um modo universal, baseado em critérios racionais, de avaliação de competências – que se opõe, historicamente, aos modos particularistas e localistas, não padronizados, submetidos à lógica dos interesses do mercado de trabalho, que se caracterizam pela avaliação das competências em função das características dos postos de trabalho ou de tarefas precisas. O diploma permite aos seus detentores maior autonomia e mobilidade no mercado de trabalho, mas esse valor, associado à universalidade dos diplomas, reside justamente na independência das instituições que o atribuem em relação aos interesses envolvidos no mercado de trabalho, sejam os dos compradores ou os dos vendedores dos serviços profissionais. A subordinação das instituições que atribuem os diplomas às lógicas das instituições que os comercializam cria uma tensão crítica no funcionamento de um e outro sistema.

Por outro lado, nestes processos de articulação entre as profissões e as instituições de ensino, é reforçada a desvalorização dos saberes práticos e das competências adquiridas pela experiência profissional, dado o facto de a ligação ao sistema de ensino estabelecer tendencialmente a uniformidade e a exclusividade da credenciação. Isto é, uma vez reconhecida a importância da formação formal e institucionalizada a articulação entre profissão e sistema de ensino, o diploma uniformizado passa a ser a única forma de acesso à profissão, excluindo-se outras formas de aprendizagem e de aquisição de competências e caminhando-se para a atribuição de monopólios de formação a determinadas instituições de ensino e formação. Este caminho de atribuição de monopólio e exclusividade a instituições de ensino começa pelas instituições nacionais (excluindo-se, por exemplo, os diplomas atribuídos por escolas estrangeiras), mas acaba muitas vezes por atingir também a diversidade interna dos sistemas de ensino nacionais. A uniformização dos diplomas, associada à atribuição de posições de monopólio a instituições de ensino e formação, com as correspondentes perdas de diversidade, constitui-se também em fator potenciador de conflitos e tensões. Porém, pode considerar-se que, na UE, o processo de Bolonha de uniformização geral da estrutura dos diplomas do ensino superior, e a correspondente mobilidade de diplomados dos diferentes ciclos de ensino, tenderá a produzir um impacto positivo na abertura tanto das instituições de ensino e formação, como das associações profissionais e do mercado de trabalho.

A diversidade do movimento associativo profissional

Nas últimas décadas, sobretudo após a instauração do regime democrático, assistiu-se em Portugal ao crescimento e diversificação do associativismo profissional, existindo atualmente 17 ordens e, pelo menos, 380 associações profissionais, a maior parte das quais criadas depois de 1974. Apenas com base na observação das designações dessas associações, do seu estatuto jurídico e da data da sua criação identificam-se alguns traços do movimento de profissionalização. Em primeiro lugar, atinge grupos ocupacionais com características muito diferentes das profissões liberais, no que respeita ao nível e complexidade dos conhecimentos e competências mobilizados, ao tipo de relações estabelecidas com os clientes e à natureza do trabalho desenvolvido (por exemplo, árbitros, administradores hospitalares, cabeleireiros ou juízes). Em segundo lugar, tem, muitas vezes, uma incidência vertical, associando todos os grupos ocupacionais de determinadas áreas de atividade económica e não apenas um grupo ocupacional específico (por exemplo, Associação Portuguesa de Museologia, Associação Nacional dos Funcionários das Universidades). Em terceiro lugar, tem, noutros casos, incidência organizacional, associando todos os grupos ocupacionais de uma mesma organização (por exemplo, Associação dos Profissionais da Guarda, Associação Sócio Profissional da Polícia). Em quarto lugar, coexiste, por vezes complementarmente, com outro tipo de associações, sindicais ou patronais, atuantes no mesmo grupo ocupacional ou em segmentos particulares (por exemplo, Sindicato dos Controladores de Tráfego Aéreo e Associação Portuguesa de Controladores de Tráfego Aéreo; Sindicato dos Enfermeiros Portugueses e Ordem dos Enfermeiros). E, finalmente, é, noutros casos, a única forma de associação de grupos ou segmentos profissionais, surgindo em resultado do esgotamento dos modelos tradicionais, sindical e patronal, e procurando afirmar uma distinção (por exemplo, Associação de Profissionais de Restaurante, Associação de Intérpretes de Língua Gestual Portugueses).

O conjunto das associações profissionais inclui grupos ocupacionais em situações muito diferentes, qualquer que seja o critério de análise mobilizado para os caracterizar: nível das qualificações, situação de trabalho, autonomia ou poder ocupacional, sistema de credenciação ou de certificação profissional, natureza das relações com o Estado ou com os consumidores. Perante tal diversidade, o que, à primeira vista, unifica o universo dos grupos ocupacionais é unicamente o tipo de associação representativa dos interesses (associação profissional). No âmbito da sociologia das profissões, a existência de associações profissionais é interpretada como um indicador de aproximação ao profissionalismo ou modelo de organização profissional.

Num trabalho de investigação sobre as associações profissionais em Portugal (Rodrigues, 2004), observou-se a influência do modelo profissional e das estratégias de profissionalização em vários grupos ocupacionais. A análise dinâmica de uma série de variáveis definidas a partir de das situações de trabalho ou do exercício de atividade dos membros do grupo profissional, como *identidade coletiva, modelo de credenciação, modelo de certificação, diversidade interna, profissionalidade, relações com outros grupos* e *emprego no Estado*, revelou a existência de seis grandes grupos ocupacionais-tipo. A saber: as profissões do Estado, cujo paradigma são os *professores*; as profissões liberais ou de mercado, cujo paradigma são os *médicos*; as profissões de base disciplinar ou académica, cujo paradigma são *os investigadores*; as profissões intermédias, cujo paradigma são os profissionais da *saúde*; as profissões do espetáculo e da *cultura*; e, finalmente, as profissões das organizações, de que são exemplo os grupos ocupacionais dos sectores da *segurança e transportes*. Sintetizam-se, a seguir, as principais características destes grupos.

Profissões do Estado

Este grupo integra profissões que, exigindo elevados níveis de qualificação, são maioritariamente assalariadas e sem referência ao modelo da profissão liberal. O paradigma deste grupo é a profissão de *professor*, extensível a outras, como juízes ou enfermeiros, que se exercem maioritariamente ao serviço do Estado em grandes organismos públicos. O diploma constitui o modelo dominante de credenciação e a certificação é mitigada pela ausência de autocontrolo nos processos de recrutamento e seleção. Caracterizam-se ainda por níveis relativamente elevados de profissionalidade (tecnicidade e indeterminação no exercício da atividade), são internamente pouco diversificadas ou com diversidade horizontal e a atividade é exercida em interdependência com outros grupos ocupacionais. Por se tratar de profissões maioritariamente assalariadas e na dependência do Estado, ou mesmo instituídas pelo próprio Estado (juízes e professores), e associadas ao desenvolvimento do Estado de direito ou do Estado de bem-estar, são relativamente menos prestigiadas e reconhecidas socialmente. Algumas delas são profissões antigas e com evoluções diversificadas: numas, registam-se situações de relativo declínio, noutras assiste-se à aquisição de estatuto progressivamente mais elevado por processos de reconhecimento e distinção através da especialização, isto é, por processos de separação ou autonomização em relação a categorias e grupos ocupacionais de maior dimensão e massificação. Associações e sindicatos coexistem e complementam ações estratégicas na defesa de condições de trabalho, na definição das condições de acesso à profissão, na aquisição de estatuto e na conquista de exclusividade em novas áreas de atividade.

Profissões liberais ou de mercado

Este grupo integra também profissões de elevado nível de qualificação e, embora coexistam emprego público e emprego privado, tem como referência a atividade liberal e a identidade profissional construídas em torno do ato profissional. O paradigma é a profissão *médica*, extensível a

PROFISSÕES E PROFISSIONALISMO EM PORTUGAL

advogados, farmacêuticos, veterinários e, mais recentemente, a outros grupos ocupacionais como arquitetos, engenheiros e agrónomos. Estas últimas, não sendo na sua origem profissões liberais, afirmam-se como corpos de peritos ao serviço do Estado ou de grandes organizações, tendo em comum com as profissões liberais uma identidade profissional historicamente construída e prestigiada. O modelo de referência são as profissões liberais ou independentes, mesmo que atualmente reúnam um número crescente de profissionais em situação de assalariamento. O diploma é o modelo de credenciação dominante e a certificação baseada na inscrição obrigatória em associação ou organismo. Caracterizam-se por níveis muito elevados de profissionalidade (indeterminação no exercício da atividade) e por posições hierárquicas de dominação embora em muitos casos, como o dos engenheiros, estejam sujeitos à concorrência e pressão de grupos ocupacionais das mesmas áreas disciplinares com menores níveis de qualificação mas que se batem por uma integração estatutária semelhante. São maioritárias neste grupo as profissões vulgarmente designadas por independentes, cujos membros prestam serviço a clientes individuais, tendo contacto direto com consumidores e utentes. Coexistem associações sindicais e associações públicas de representação que têm por objetivo principal não só a definição e regulamentação das condições da prática profissional e do acesso ao mercado, como também a defesa de interesses e de condições de exercício da profissão. As associações originalmente criadas têm por objetivo a promoção da profissão e a construção de um espírito de corpo, alargando gradualmente funções ao controlo interno dos membros através de códigos de ética e do exercício do poder disciplinar.

Profissões de base disciplinar ou académica

Este grupo integra também ocupações de elevado nível de qualificação, tendo como marca distintiva uma identidade coletiva construída em torno da área de formação, sendo marcante a diversidade de situações profissionais. O paradigma são as designadas profissões *científi-*

PROFISSÕES

cas, de crescimento recente, como economistas, sociólogos, biólogos, psicólogos e outros grupos ancorados numa área disciplinar de formação de diplomados. Dada a diversidade de situações profissionais, é difícil a concretização de projetos de definição e controlo das condições de acesso e exercício da profissão. O modelo de credenciação baseia-se no diploma, mas o modelo de certificação é na maioria dos casos aberto. As atividades desenvolvidas são marcadas por um elevado grau de profissionalismo (tecnicidade e indeterminação no exercício da atividade), em posição de dominação ou de interdependência na relação com outros grupos ocupacionais. As situações de emprego são diversificadas, combinando-se emprego público com emprego privado, mas sendo este último dominante. A forma de representação mais comum é a associação profissional tendo por objetivos construir uma identidade profissional e demarcar um campo de atividade bem como as condições de acesso. Distinguem-se do grupo anterior por ser muito difusa a definição dos atos profissionais e pelo menor poder de controlo das condições de acesso e de exercício da profissão. Os psicólogos, os biólogos e os nutricionistas, que adquiriram o estatuto de profissões protegidas com a criação das ordens, são casos de estudo que merecem ser analisados.

Profissões intermédias

Neste grupo integram-se o que podemos designar por novas profissões intermédias, tanto no que respeita ao nível de qualificação exigido como ao grau de autonomia ocupacional. São grupos ocupacionais de emergência recente em resultado de processos de especialização ao nível dos sistemas de ensino e/ou de trabalho. Tem como paradigma profissões como as de fisioterapeuta (ou outras profissões técnicas do sector da *saúde*), tradutor, engenheiro do ambiente e guia turístico. O modelo de credenciação é muito variado, registando-se casos em que a sua base é o diploma e outros assentes na experiência ou formação específica. O modelo de certificação é aberto, mas o movimento em que assentam os objetivos da maioria das associações profissionais é no sentido de obter alguma regulamentação. O emprego é minoritariamente público e as posições em relação aos outros grupos são de interdependência. Apresentam fraca diversidade interna, sendo a identidade coletiva construída em torno das atividades profissionais desenvolvidas ou do sector de atividade (por exemplo: seguros, banca, turismo). Dominam as associações profissionais com objetivos relacionados com a construção do espírito de corpo, a elevação do estatuto profissional dos membros ou, ainda, com o controlo das condições de acesso e de exercício.

Profissões do espetáculo

Este grupo integra ocupações com fraca ligação aos sistemas formais de formação, adotando dominantemente o modelo de credenciação pela experiência, combinada com mecanismos de certificação e regulamentação no acesso à profissão através da inscrição nas associações e da atribuição de carteiras profissionais. O paradigma são as profissões do espetáculo e da *cultura* (toureiros, músicos, realizadores de cinema, jornalistas, escritores ou jogadores), mas estende-se a outras profissões manuais ou de serviços pessoais (como barbeiros, cabeleireiros, taxistas ou empregados de mesa). A identidade profissional é construída em torno do ato profissional ou do sector de atividade, sendo a natureza do trabalho marcada por fraca autonomia e rotinização dos procedimentos (embora se possam registar casos de alguma tecnicização). As posições, na relação com outros grupos, são dominantemente de independência ou de subordinação. São maioritárias as situações de emprego privado, tendo ainda em comum estas ocupações o facto de terem frequentemente capacidade de iniciativa na constituição das condições do seu emprego. É função das associações a regulamentação do mercado e do acesso à profissão, mas é fraca a orientação para o controlo das condições de exercício profissional.

Profissões de organizações

Este grupo integra ocupações cuja referência de identidade profissional é a organização ou instituição em que desenvolvem a sua atividade. O paradigma são as profissões de *segurança* e *transportes* (os profissionais da PSP e/ou os controladores de tráfego aéreo e pilotos). Integra, portanto, quer grupos internamente diversificados na natureza das funções dos seus membros, mas reunidos pela instituição de enquadramento, como grupos ocupacionais identificados por uma mesma função numa instituição precisa. As associações reúnem membros com diferentes níveis de qualificação, categorias profissionais e áreas de formação que têm em comum o exercício da atividade na mesma instituição, embora por vezes se organizem em torno de uma única categoria (como os sargentos). O modelo de credenciação é baseado na formação específica, sendo fracas as ligações ao sistema formal de ensino, e o modelo de certificação está associado aos processos de recrutamento e formação. As atividades desenvolvidas são marcadas por níveis relativamente baixos de profissionalismo ou autonomia ocupacional, maioritariamente rotinizadas. O emprego é, como vimos, em grandes organizações públicas ou privadas relativamente fechadas, sendo a posição na relação com outros grupos de subordinação. Há, porém, parte deste tipo de grupos com uma perceção dos recursos de poder e de negociação que podem resultar ou da mobilização coletiva de todos os membros da organização (como os profissionais da guarda e os profissionais da polícia), ou da importância estratégica das funções que desempenham no interior da organização (caso dos pilotos ou dos controladores de tráfego aéreo). No que respeita ao associativismo profissional, os grupos ocupacionais das instituições paramilitares ou da segurança pública têm em comum o facto de, durante décadas, terem sido proibidos de exercer o direito de associação, bem como uma história recente de defesa desse direito. Atualmente, a lei permite apenas a criação de associações profissionais com o objetivo de defesa das condições de trabalho ou do estatuto remuneratório. Têm como aspiração transformarem-se em sindicato. Nas restantes ocupações da área dos transportes, como as de pilotos e controladores de tráfego aéreo, convivem sindicatos e associações, os primeiros tendo por objetivo a defesa das condições de trabalho, as segundas orientadas para a promoção do estatuto dos grupos.

***

Assinale-se, para concluir, que as dimensões ou fatores de distinção dos diferentes grupos profissionais que determinam a sua configuração são, sobretudo, duas: a primeira genericamente associada à autonomia profissional, ao poder e controlo ocupacional; a segunda associada ao papel do Estado na organização do espaço profissional (no que respeita à qualificação e ao exercício da atividade).

A primeira dimensão distingue os grupos colocados no topo da hierarquia do profissionalismo – com elevados níveis de indeterminação associados ao exercício profissional, baseado na manipulação e mobilização de saberes e de competências exigindo elevado nível de autonomia e responsabilidade –, dos grupos ocupacionais em situação de dependência – cuja atividade tem elevado grau de tecnicidade inscrita em rotinas de trabalho ou em equipamento técnico utilizado. É a dimensão que exprime as posições alcançadas no quadro da divisão e organização social e técnica do trabalho, por sua vez muito associada às posições alcançadas no quadro da divisão e organização do sistema formal de ensino e formação. A segunda dimensão opõe os grupos profissionais cujo exercício profissional está dependente da intervenção do Estado na regulamentação das condições de acesso e exercício profissional, no lançamento de políticas públicas e do emprego público, aos grupos ocupacionais menos dependentes da intervenção do Estado e nos quais são dominantes as situações de emprego privado. Da importância e centralidade destas dimensões na configuração dos grupos profissionais resultam dinâmicas e estratégias de articulação entre os grupos profissionais e as instituições formais de ensino, bem como de ligação dos grupos profissionais ao Estado, que são analisadas em termos das suas tendências e das tensões que comportam.

O movimento do associativismo profissional apresenta-se marcado (i) pelo emergir de novas associações sindicais em ocupações como as forças de segurança, alguns corpos de soberania, como juízes e magistrados, ou profissões tradicionalmente representadas exclusivamente por ordens, como médicos, advogados ou engenheiros, (ii) ou pela emergência de associações profissionais em ocupações tradicionalmente representadas por sindicatos, ou ainda (iii) pela emergência de associações profissionais de estatuto ambíguo invadindo em alguns casos, as fronteiras das associações patronais e noutros das associações sindicais. Por parte de trabalhadores, profissionais e até de estudantes, membros de grupos ocupacionais específicos, a adesão livre e em número crescente ao associativismo profissional manifestam a disponibilidade para a aceitação de códigos de ética no exercício da atividade e o reconhecimento da necessidade de controlo técnico e ético do seu desempenho, seja ele exercido internamente (colegial ou por pares) ou externamente (pelo Estado, pelas organizações empregadoras ou pelo mercado), bem como a valorização de princípios como os da autonomia profissional e da responsabilidade individual. Tal disponibilidade é criada no quadro dos valores, atitudes e expectativas perante o trabalho assegurados pela extensão da escolaridade e o aumento dos níveis de instrução.

Esta é certamente uma questão crítica, deixando antever a emergência de novos modelos de relações de trabalho, envolvendo novos papéis para os atores tradicionais (sindicatos, associações patronais e Estado), novos agentes (como as associações profissionais) e novas matérias de negociação, como as que decorrem da maior ou menor convergência dos sistemas de classificação dos indivíduos com os sistemas de classificação dos empregos ou postos de trabalho.

As ordens como modelo dominante de organização

O movimento associativo de base profissional apresenta uma clivagem que separa as associações profissionais com estatuto jurídico de associação pública (ordens e câmaras), regidas por regime especial consagrado na Lei nº 6/2008 de 13 de Fevereiro e com uma relação particular com o Estado, das restantes associações profissionais regidas pela lei geral das associações (Decreto-Lei 594/74 de 7 de Novembro). Este diploma não estipula qualquer espécie de relação entre as associações e o Estado, atribuindo às associações profissionais um estatuto semelhante ao das associações culturais, recreativas ou de interesses em geral. Não existem, contudo, critérios explícitos para a construção de tal clivagem, sejam eles relacionados com o âmbito da associação, com a natureza das atividades profissionais dos membros, com o contexto do seu exercício, ou, mesmo, com a tradição.

Entre 1933 e 1974, vigorou em Portugal um regime de Estado corporativo no qual eram muito restritivos os direitos e a liberdade de associação. O Estatuto do Trabalho Nacional de 1933 apenas previa a existência de sindicatos nacionais, grémios empresariais e três ordens profissionais – de médicos, advogados e engenheiros. As ordens, estatuto atribuído muito seletivamente, respeitavam apenas a profissões tradicionalmente designadas como liberais, não assalariadas e tituladas por grau académico, tinham poderes de controlo das condições de acesso e de exercício da profissão, de definição do código deontológico e de manutenção da disciplina.

A instauração da democracia, em 1974, extinguiu o regime corporativo, estabeleceu os princípios da liberdade de associação e reconheceu como atores sociais e políticos apenas os sindicatos e as associações patronais ou empresariais, prevendo a sua integração e participação em diversos órgãos de consulta ou de decisão política, mas com autonomia em relação ao Estado, o qual deixou de intervir na criação do organismo ou na aprovação das suas direções. No quadro do novo regime democrático não havia lugar, numa primeira fase, para as ordens ou outro tipo de organização associativa de base profissional. Todavia, a instauração da democracia e o restabelecimento dos princípios do direito e da liberdade de associação, tiveram como efeito o florescimento de um movimento associativo de base profissional que, em muitos casos, recuperou e transformou muitas das associações sindicais, patronais e ordens criadas no período do Estado Novo.

Nos anos de 1997 e 1998 foi aprovada, pelo Governo, com autorização da Assembleia da República, a criação de novas ordens profissionais (enfermeiros, engenheiros técnicos, biólogos e economistas), dando lugar a 15 associações públicas de base profissional com o estatuto equivalente ao das ordens profissionais, isto é, organismos criados por via legislativa, cuja adesão é obrigatória para o exercício da profissão. Às ordens são atribuídas, pelo Estado, competências para a definição das condições de acesso à profissão, para a elaboração de normas e regras práticas e morais sobre o exercício da atividade profissional, bem como para o exercício do poder disciplinar.

Do ponto de vista do ordenamento jurídico, não existia, até 2008, uma orientação política de princípio, no que respeita aos critérios de constituição deste tipo de instituições. Com algumas ordens, admite-se que o Estado se tenha limitado a reconhecer o direito de atualização do estatuto que vinha do passado (médicos, advogados, engenheiros, farmacêuticos, solicitadores e revisores oficiais de contas); com outras, como a dos economistas e dos arquitetos, terá cedido a pressões antigas das associações profissionais privadas que antecederam as ordens. E nesse passo de cedência e abertura sem critérios explícitos, outras associações profissionais (como enfermeiros, engenheiros técnicos e biólogos) viram reconhecido o seu estatuto como associação pública. Em grande parte dos casos de criação das ordens não havia também doutrina no que respeita aos poderes a delegar pelo Estado, nem quanto aos mecanismos de intervenção deste no controlo do exercício desses poderes. Esta situação envolvia dois problemas.

O primeiro problema respeita à natureza dos poderes atribuídos às ordens. Por exemplo, os poderes de definição das condições de acesso à profissão implicavam, tradicionalmente, a definição de condições que acresciam à formação e à obtenção do diploma ou do título académico: exames de admissão, estágios, formação especializada complementar ou comprovação curricular da experiência profissional. O poder de definição das condições de acesso exercido através da acreditação dos cursos de ensino superior, transformara as ordens profissionais em instituições de avaliação e de controlo não apenas da profissão, mas sobretudo do sistema de ensino. Esta modalidade de auto-regulação coloca várias questões. Em primeiro lugar, o potencial conflito entre a tendência ao fechamento das profissões na defesa do interesse privado dos seus membros, restringindo e limitando o acesso, e o interesse público de manter abertas as oportunidades de formação e de escolha do mercado, alargando o acesso ao ensino. Em segundo lugar, a tensão entre, por um lado, a universalidade e diversidade das formações, isto é, a responsabilidade pública de responder a uma multiplicidade de objetivos e, por outro, os particularismos do mercados. Ora, se é discutível a submissão das academias e escolas à lógica dos mercados e da relevância económica das suas atividades, é ainda mais discutível uma submissão da formação à lógica profissional e corporativa que tende a impor modelos uniformes de ensino. Finalmente, levantava-se ainda a questão dos recursos e competências técnicas e científicas que instituições ligadas ao mercado dos serviços, como por exemplo as ordens ou as associações profissionais, possuem para proceder a avaliações independentes das instituições do sistema de ensino. Na prática, os mecanismos de acreditação desenvolvidos produziam situações de monopólio de instituições de ensino, em função da capacidade formativa, válidas por um período determinado, desvalorizando os resultados práticos da formação e das competências efetivamente adquiridas pelos diplomados, tanto no período de formação como na prática profissional.

Por parte do Estado, a ausência, durante anos, de clarificação de critérios, de definição de objetivos e de iniciativa própria, respondendo casuisticamente às pressões dos diferentes grupos, não sendo evidente o interesse público que motivou algumas decisões, criou situações não só de perda de controlo político em matérias relacionadas com a regulação das atividades profissionais, como também de conflito institucional, envolvendo as instituições de formação e de atribuição de diplomas, por um lado, e as associações profissionais, por outro. Em matéria de acreditação de cursos para fins profissionais, o conflito em torno das condições de acesso à profissão de arquiteto que ocorreu nos anos 1990 é apenas um dos vários exemplos deste tipo de problemas.

Em 2008, a Assembleia da República aprovou o Regime das Associações Públicas (Lei nº 6/2008). O processo de decisão para a criação de ordens profissionais envolve agora a Assembleia da República e tem por base estudos e pareceres fundamentados sobre as necessidades da existência de ordens ou associações públicas, em termos de realização do interesse público. Tais estudos ou pareceres são elaborados por "entidades de reconhecida independência e mérito" que, além de justificar, clarificam a natureza dos poderes delegados pelo Estado das ordens a criar. Ao abrigo desta nova legislação foi já aprovada a criação de duas novas ordens profissionais: dos psicólogos e dos nutricionistas, por transformação do estatuto das associações profissionais dos respetivos grupos (Raquel, 2011). Os estudos que basearam a decisão de criação destas duas novas ordens foram elaborados por peritos no quadro das atividades de uma instituição científica. A criação, em 2007 (Decreto-Lei 369/2007), de uma agência pública – Agência de Avaliação e Acreditação do Ensino Superior – com a missão de avaliação, certificação e acreditação de cursos e de instituições do ensino superior veio também responder aos problemas identificados, por especificação e especialização das funções – os poderes de regulação do acesso individual às profissões são competência das ordens ou associações profissionais, enquanto as funções e os poderes de regulação, controlo e avaliação do ensino superior estão agora atribuídos a uma agência pública especializada.

O segundo problema respeita ao espaço de intervenção das associações profissionais e aos critérios de atribuição de estatuto de instituição pública. As associações profissionais privadas distinguem-se das associações públicas, antes do mais, porque é respeitado o princípio da liberdade de adesão, mesmo quando têm algum papel no controlo das condições de exercício e na definição dos diplomas e títulos que dão acesso à profissão. No quadro jurídico vigente, este tipo de associativismo não tem reconhecimento significativo por parte do Estado, sendo enquadrado pela lei geral do associativismo, detendo um estatuto igual ao das associações de interesses mais difusos como as de consumidores ou amigos, ou ao das associações de natureza cultural, podendo pontualmente, mas não obrigatoriamente, ser consultados em matérias que o Estado defina. A aspiração de grande parte destas associações é assim alcançar o estatuto de associação pública, isto é, de ordem profissional, invocando, por um lado, a importância do reconhecimento público da respetiva ocupação, a melhoria das relações com o Estado e das condições de intervenção pública, e, por outro, a melhoria das condições de defesa do estatuto profissional e das condições de acesso e exercício profissional.

A cristalização nas ordens como modelo de organização pode conduzir à perda de diversidade dos modelos de representação, bem como ao risco de uma elevada rigidez do mercado dos serviços profissionais.

3
Sociologia das profissões em 10 lições

A sociologia das profissões é uma área de especialização sociológica de aprofundamento de questões que são apenas afloradas nos programas clássicos da sociologia do trabalho ou da ciência política. O seu estudo permite alargar o âmbito dessas áreas disciplinares, proporcionando outra perspetiva sobre questões específicas do mundo do trabalho, designadamente a sua articulação com a esfera do ensino e formação (sistemas de certificação) ou com a esfera política (sistemas de participação e intermediação de interesses). A publicação deste programa de sociologia das profissões visa disponibilizar um recurso adicional para o estudo de temáticas de atualidade, fornecendo instrumentos adicionais e complementares para o conhecimento de problemas sociais e sociológicos pertinentes e relevantes na sociedade portuguesa. Apesar da relativa autonomia da sociologia das profissões, o seu estudo ganhará se for articulado com as abordagens complementares das disciplinas com que tem fronteiras comuns, nomeadamente, a sociologia do trabalho, a sociologia do emprego, a sociologia das organizações e a sociologia da ciência e da educação.

O objetivo principal deste guia é proporcionar, aos que estudam o tema, o desenvolvimento de conhecimentos específicos e de competências de análise do fenómeno das profissões, designadamente em dois domínios. Em primeiro lugar, o conhecimento das principais teorias de análise sociológica das profissões, dos debates atuais na disciplina e do estado da arte da investigação empírica neste domínio, através da apresentação dos contributos de um número limitado de autores em cada uma das lições. Em segundo lugar, uma aprendizagem cumulativa e complementar das várias abordagens sociológicas tendo em vista

PROFISSÕES

a criação de competências na manipulação de instrumentos de análise (conceitos, metodologias e técnicas de observação) indispensáveis para o estudo sociológico das profissões em Portugal.

Para além da bibliografia básica, que permite acompanhar o conjunto do programa, foram selecionados, para cada lição, um número reduzido de textos e obras indicados como bibliografia complementar. Dessa seleção constam as obras essenciais dos autores apresentados, recomendando-se a leitura dos textos originais, sobretudo a quem, em função dos seus interesses e projetos de trabalho, pretenda aprofundar os temas tratados,

O programa desdobra-se em duas partes e desenvolve-se em 10 lições. A primeira parte, sobre a análise sociológica das profissões, é composta por seis lições. A segunda parte é dedicada à apresentação e discussão de temas e debates que atravessam a história da disciplina e integra um conjunto de quatro lições. Na conclusão, sugere-se um modelo de análise sociológica das profissões.

Lição 1. As profissões na sociologia clássica

As profissões são analisadas pelos primeiros sociólogos (Durkheim, Weber e Parsons) como uma característica distintiva das sociedades modernas. Para Durkheim, o principal problema das sociedades modernas, saídas da revolução francesa e da revolução industrial, é o problema da ordem e da integração social, decorrente da crescente divisão do trabalho e dos processos de individualização. Na sua obra são essenciais os conceitos de solidariedade social, anomia e ordem moral. Segundo Durkheim, as sociedades modernas, nas quais o trabalho é extensamente dividido, e que são portanto mais interdependentes e estruturalmente integradas (solidariedade orgânica) podem apresentar graus elevados de coesão e integração social, mas também correm riscos de elevado grau de anomia. Em o *Suicídio* considera que as corporações podem ser uma resposta à anomia gerada pelo novo quadro de organização social baseada na industrialização e na crescente divisão do trabalho. Mais tarde, na segunda edição do livro *A Divisão Social do Trabalho*, apresenta todo um programa de reforma social para responder à necessidade de mais regulação e mais justiça, baseada na organização dos grupos profissionais em associações, enquanto grupos intermédios entre os indivíduos e o Estado. Durkheim (1984) defende que as associações profissionais (comunidades morais), porque desenvolvem regras morais, têm um papel essencial no estabelecimento da ordem moral e na solidariedade social, e estão destinadas a ser, crescentemente, nas sociedades modernas, um equivalente funcional de instituições como a família e a religião, características das sociedades pré-modernas. As associações profissionais, com funções de especificação normativa, asseguram as bases concretas de integração e regulação social, no plano grupal, pela partilha de valores específicos compatíveis com o quadro de valores geral e abstrato das sociedades modernas. Fazem-nos sem segmentar o conjunto da sociedade em grupos particularistas porque recortem conjuntos de catividades, não de pessoas: por exemplo, um médico é um profissional enquanto médico, independentemente e em paralelo com as suas pertenças familiares ou religiosas.

Weber (1922) atribui às profissões e à profissionalização um lugar central na sua análise geral do processo de racionalização das sociedades ocidentais. Na análise dos fatores que estão na origem da racionalização das sociedades modernas e na identificação das instituições que a corporizam, aponta as profissões como um importante exemplo, duplamente referenciado: as profissões contribuem para a racionalização de instituições específicas das sociedades modernas (como o mercado e as burocracias) e, reciprocamente, a racionalização dessas instituições contribui para o desenvolvimento das profissões. Na sua análise, Weber desenvolve dois exemplos: o caso da profissionalização do sacerdócio na igreja moderna, com a institucionalização de salários, promoções e direitos e deveres profissionais para os padres profissionais; e o crescimento do número de peritos, com formação especializada em direito (advogados), associado ao desenvolvimento do sistema legal racional e à crescente necessidade de conhecimento legal especializado para responder aos novos problemas do mercado e da burocracia. As profissões, nas quais o estatuto alcançado pelos indivíduos está dependente não das transmissões hereditárias (particularismo) mas das atividades que desempenham, de critérios racionais de competência, formação e de especialização (universalismo), representam uma forma moderna de organização similar, nos princípios, às formas de organização burocrática. No mesmo sentido, considerando os diferentes tipos de autoridade ou de dominação legítima (tradicional, carismática e racional-legal), o poder dos peritos ou profissionais é baseado nos saberes técnicos especializados e nas qualificações obtidos em processos de formação racional. Para Weber, profissionalização e burocratização são processos interligados e complementares que se potenciam e reforçam. Apesar de se poderem identificar pontos de diferença entre os dois processos, eles são considerados como duas faces inseparáveis do processo de racionalização do Ocidente.

Tanto Durkheim como Weber identificam a existência de profissões ou corporações em sociedades pré-modernas (Durkheim) ou em sociedades não ocidentais, como a China (Weber, 1922). Porém, ambos sublinham que tanto na sua composição e modos de funcionamento, quanto na sua extensão e dimensão quantitativa, as profissões, como as conhecemos hoje, são um fenómeno social moderno.

Na obra de Parsons, a importância das profissões para a estruturação social das sociedades modernas resulta do facto de as profissões serem o quadro institucional no qual se concretizam os mais importantes elementos distintivos das sociedades modernas, designadamente a racionalidade científica e o desenvolvimento do conhecimento, a autoridade baseada na especificidade funcional e na competência técnica, bem como o universalismo na regulação das relações sociais. Esta concretização depende de uma estrutura institucional cuja manutenção não é uma consequência automática da crença na importância das funções como tal, mas envolve um complexo equilíbrio de diversas forças sociais. Por outro lado, estes elementos não se concretizam exclusivamente nas profissões, mas também em outras instituições, designadamente do mercado e na administração burocrática. Porém, Parsons (1966) reconhece um valor positivo ao sistema de organização do trabalho presente no modelo das profissões, na medida em que é ele próprio gerador de controlo social indireto, alternativo ao modelo burocrático-legal ou ao modelo económico-financeiro.

Destes autores, foram Weber e Parsons que mais inspiraram e influenciaram o desenvolvimento da sociologia das profissões. Todavia, como adiante veremos, a sociologia das profissões desenvolver-se-ia muito centrada na análise de processos isolados de desenvolvimento de profissões específicas, tendo-se perdido a preocupação, comum aos três autores, de articulação dos processos de profissionalização e de emergências das profissões com o contexto macrossocial e com a identificação do seu contributo para o funcionamento das sociedades atuais. A focagem na análise dos processos de desenvolvimento de uma simples profissão distorce e dificulta a perceção das relações entre o fenómeno das profissões e os processos de modernização e de estruturação das sociedades contemporâneas.

Bibliografia complementar

Durkheim, Émile (1984), *A Divisão do Trabalho Social*, Lisboa, Editorial Presença, (trad. da edição de 1902).
Parsons, Talcott (1939), "The professions and social structure", *Social Forces*, 17 (4).
Weber, Max (1984), *Economia y Sociedad*, México, Fondo de Cultura Económica, (ed. original: 1922).

Bibliografia básica (para acompanhamento do programa)

Burrage, Michel e Rolf Torstendahl (orgs.), (1990), *Professions in Theory and History. Rethinking the Study of the Professions*, Londres, Sage.
Freidson, Eliot (2001), *Professionalism, the Third Logic*, Cambridge, Polity Press.
Rodrigues, M. L. (2001), *Sociologia das Profissões*, Oeiras, Celta, 2ª edição.

Lição 2. A corrente funcionalista

A questão fundadora da sociologia das profissões anglo-saxónica tem um enunciado simples: o que é uma profissão, que atributos ou traços distinguem as profissões das restantes ocupações? A resposta da análise funcionalista das profissões é baseada nos trabalhos de Parsons.

PROFISSÕES

O modelo das profissões em Parsons (1968) é definido pelo seguinte conjunto de normas e valores culturais de orientação:

- articulação de um saber prático fundado na experiência ou na ciência aplicada com um saber teórico adquirido durante um período longo de formação;
- autoridade profissional legitimada com base nas competências técnicas especializadas num domínio de atividade limitado;
- altruísmo ou desinteresse dos profissionais, resultante da articulação da norma da neutralidade afetiva com o valor da orientação para os outros.

O tipo-ideal "profissões" combina, articuladamente, a competência técnica e cientificamente fundada e a aceitação de um código de conduta. Aos profissionais são concedidos poderes de autonomia, prestígio e licenças de exercício profissional em exclusividade, como contrapartida da competência, da qualidade dos serviços prestados, da procura constante de elevação dos níveis de conhecimento, formação e qualidade dos serviços prestados, bem como da capacidade de controlo interno da atividade profissional dos seus membros. O essencial, no modelo funcionalista, seria a natureza das competências e conhecimentos técnico-científicos mobilizados para o desempenho profissional, distinguindo-se as profissões dos restantes grupos ocupacionais por requererem uma formação longa e complexa e a orientação por valores altruístas e universais. A assimetria das posições em relação ao conhecimento entre profissionais, detentores dos saberes e competências, e leigos, sem conhecimentos e sem meios de controlo, implica o mecanismo de controlo interno, pelos pares, na determinação dos padrões de qualidade e de custo dos serviços profissionais.

As universidades têm, neste modelo, um lugar central. O reconhecimento de uma especialidade profissional como disciplina universitária é um momento decisivo no processo de profissionalização, porque estabelece uma importante condição de legitimidade. Tão importante como a formalização dos conhecimentos e a atribuição de carácter científico à especialidade profissional, é o estabelecimento de normas cognitivas, de padrões de comportamento, de modos de avaliação formais, de regras profissionais, bem como a criação de um espaço de socialização.

Outro pilar importante neste modelo são as associações profissionais. Desempenham, neste sistema de organização do trabalho, um papel na regulação das práticas e das condições de exercício profissional através da definição de códigos de ética e do estabelecimento de regimes disciplinares (auto-regulação). A criação de associações profissionais constitui um dos traços distintivos das profissões, por oposição às associações patronais ou sindicais que representam outro tipo de ocupações e que têm objetivos de ação também distintos, bem como uma etapa decisiva no processo de profissionalização. Às associações são atribuídas várias funções, nem sempre claramente especificadas, como a definição das tarefas ou do conteúdo profissional, a definição dos requisitos de formação, a promoção dos valores de orientação para o serviço e interesse público, a manutenção e reforço da autonomia e poder profissional, o controlo do acesso através do sistema de credenciação e certificação, a gestão de conflitos internos e externos, a definição do código de ética e de disciplina e, por fim, o controlo do exercício profissional pelos membros do grupo.

Para Goode (1957), um dos mais importantes discípulos de Parsons, as profissões constituem comunidades internamente estruturadas cujos membros partilham uma mesma identidade, valores, objetivos, experiência e constrangimentos. Os segmentos internos de cada profissão são considerados community within a community. Às profissões é concedida autonomia em troca de capacidade de controlo, recompensas e prestígio em troca de competência, monopólio através de licenças em troca de melhores prestações ou serviços. A atribuição de poder às comunidades profissionais tem como contrapartida principal uma procura constante de elevação dos níveis de formação dos seus membros. Um dos importantes contributos de Goode é a distinção, no conjunto dos traços ou atributos das "verdadeiras" profissões, entre traços centrais e derivados, e a identificação das interdependências sociais e relacionais entre eles. Assim, as profissões seriam definidas, de facto, por dois elementos básicos ou traços centrais:

- o conhecimento profissional constituído por conhecimentos abstratos organizados num corpo codificado de princípios, aplicáveis a problemas concretos, socialmente aceites, veiculados por uma comunidade com capacidade para criar, organizar e transmitir esses mesmos conhecimentos, e vistos de fora como algo de misterioso, não acessível aos leigos;
- o ideal de serviço ou altruísmo, isto é, o conjunto de normas segundo as quais o profissional tem poder para decidir e impor soluções técnicas baseadas nas necessidades dos clientes, mas não necessariamente determinadas por eles, dedicando-se e sacrificando-se pela atividade e sendo o sistema de controlo e punição e recompensa estabelecido pela própria comunidade profissional.

Estes elementos essenciais geram traços derivados, como sejam o controlo sobre os padrões de educação, as funções de socialização, a prática profissional exercida sob a forma de licenças, o controlo sobre as admissões, os rendimentos, poder e prestígio elevados, os mecanismos de avaliação e controlo colegiais ou por pares, a identificação dos membros com a profissão que confere um estatuto para toda a vida. Estes traços seriam o resultado de processos de negociação social alargados e continuados no âmbito dos quais as profissões podem fazer crer que possuem suficiente conhecimento e ideal de serviço e obter, como contrapartida, autonomia e prestígio.

Goode introduz na análise das profissões a noção de grau ou *continuum*. Uma vez que as ocupações que aspiram ao estatuto de profissão não alcançam plenitude na maioria das sub-dimensões que compõem os traços essenciais das verdadeiras profissões, considera que esta é uma questão de grau, segundo a qual aquelas podem ser classificadas num *continuum* que vai do polo «não-profissão» ao polo «profissão».

O altruísmo é um dos traços distintivos das profissões mais discutidos e analisados na sociologia, tanto pelo contraste com a motivação e orientação no campo dos negócios, como pela sua articulação com a defesa de interesses próprios dos profissionais. Merton (1982) mobiliza os conceitos de função latente e função manifesta para analisar a ambivalência presente no modelo das profissões e na organização profissional. O ideal de serviço e o altruísmo constituem para o autor a *função manifesta* das profissões: é esta a contrapartida dos profissionais para o reconhecimento social que lhes é atribuído. Vários mecanismos, como a burocratização das carreiras, a institucionalização dos diplomas, a multiplicação das regras, normas estatutárias, privilégios, etc., provocam o efeito perverso de segregação social, *função latente*. Os grupos profissionais transformam-se assim em organizações fechadas excessivamente preocupadas com a sua própria reprodução.

Um outro conceito, o de *altruísmo institucionalizado*, serve a Merton para analisar as tensões próprias do modelo profissional. O altruísmo institucionalizado é uma forma especial de altruísmo, na qual disposições estruturais potenciam um comportamento benéfico para os outros. As profissões, enraizadas na tríade de valores humanos "saber, fazer e ajudar", têm como característica dispor de um conjunto de regras, expressas em prescrições, proscrições e permissões, que legitimam e institucionalizam os referidos valores, conferindo-lhes um carácter normativo. Isto é, os valores incorporam as regras que são seguidas pelos profissionais independentemente das suas motivações individuais. Exemplificando, o valor ajudar, especificado na norma do altruísmo (os profissionais devem dar mais do que o que é expressa ou formalmente requerido), não implica que os profissionais *sintam* o altruísmo, mas que *ajam* altruisticamente. O que distingue as profissões das restantes ocupações é a institucionalização do altruísmo, realizada através do sistema de recompensas, cuja particularidade consiste em fazer coincidir o *dever* com o *ter* – o prestígio, a estima, os rendimentos e a autoridade, distribuídos de acordo com o cumprimento das expectativas normativas que definem o papel.

Merton dá ainda um contributo importante na análise de um outro paradoxo associado ao modelo profissional – o relativo declínio da confiança pública nas profissões, apesar das imensas realizações e do bem--estar alcançado através do aumento da capacidade de prestação de serviços profissionais. Segundo Merton, a hostilidade de que são alvo as profissões, mesmo na teoria sociológica, não só pelos privilégios e prerrogativas, como pela descrença na autoridade do seu conhecimento e no seu altruísmo e sentido de defesa do interesse público, não resultam diretamente de uma eventual incompetência profissional, mas sim do altruísmo institucionalizado no qual se baseiam expectativas de comportamento altruísta muito superiores, idealizadas e mitificadas, àquelas que os profissionais realizam, tendo em conta as condições de trabalho concretas, sendo essa discrepância percebida como quebra de altruísmo.

O trabalho de Wilensky (1964), no seu texto mais referido intitulado "The professionalization of everyone?", dá um contributo importante para a definição do conceito de "profissionalização". Até esta altura, "profissionalização" designava, indiscriminadamente e sem qualquer preocupação de rigor, diferentes situações relativas a níveis diferentes de observação, isto é, era usado para descrever tanto situações relativas aos indivíduos (a interiorização de valores, atitudes e comportamentos, como a linguagem e a mobilização de conhecimentos, associados ao modelo do profissionalismo, por oposição ao amadorismo), como a ocupações isoladas, como à estrutura ocupacional no seu conjunto. Ao nível das ocupações isoladas, o conceito era utilizado para referir o aumento do número de grupos ocupacionais, mais ou menos organizados, que adquirem características estruturais ou organizacionais semelhantes às das profissões já estabelecidas, como por exemplo uma associação profissional. Wilensky critica a extensão abusiva da noção de profissionalização, denunciando a existência de uma cultura penetrada mais pela ideia de profissionalismo do que pela sua substância, servindo ou sendo utilizada por muitas ocupações que aspiram ao estatuto de profissão. Ensaia então uma definição do conceito de profissionalização baseado na sequência de eventos ou etapas seguidos pelos grupos ocupacionais até ao estádio do profissionalismo:

- a passagem de atividade amadora a ocupação a tempo inteiro;
- o estabelecimento do controlo sobre a formação;

- a criação de associação profissional, cujas principais funções são a definição das tarefas essenciais, a gestão dos conflitos internos entre membros com diferentes recursos de formação e a gestão dos conflitos externos;
- a proteção legal;
- a definição do código de ética.

Conceitos-chave na abordagem funcionalista das profissões

- *Profissão*: tipo particular de ocupação que se distingue por um conjunto de traços ou características como (i) o exercício de atividades fundadas em saberes teóricos técnicos e científicos adquiridos durante um período longo de formação em instituições especializadas, (ii) a autoridade profissional legitimada com base nas competências técnicas especializadas num domínio de atividade limitado e (iii) a orientação dos profissionais pelos valores do altruísmo, do desinteresse e do serviço público.
- *Profissionalização*: sequência de etapas que conduzem as ocupações ao estatuto de profissão, em particular, passagem de atividade amadora a ocupação a tempo inteiro, estabelecimento de mecanismos de controlo sobre a formação, criação de associação profissional, proteção legal pelo Estado do exercício das atividades e, finalmente, definição do código de ética.
- *Comunidades profissionais*: comunidades cujos membros têm (i) a mesma identidade, linguagem e estatuto profissional, adquiridos para toda a vida, (ii) poder de controlo sobre a sua atividade e a dos seus membros, bem como sobre a seleção e admissão de novos membros e sobre a formação requerida para o exercício da profissão.
- *Altruísmo institucionalizado*: conjunto de regras expressas em prescrições, proscrições e permissões que legitimam e institucionalizam os valores do altruísmo profissional, conferindo-lhes um carácter normativo.

O conceito de profissionalização de Wilensky é ainda hoje o mais frequentemente citado na literatura da sociologia das profissões. Foi integrado quase sem discussão entre as principais aquisições da sociologia das profissões, mas continua a não ser aplicado com grande preocupação de rigor, designando situações muito diversas.

Bibliografia específica

Etzioni, A. (org.),(1969), *The Semi-Professions and Their Organization. Teachers, Nurses, Social Workers*, Nova Iorque, The Free Press.

Goode, W. (1957), "Community within a community: the profession", *American Sociological Review*, 25 (6).

Merton, Robert K. (1982), *Social Research and the Practicing Professions*, Nova Iorque, University Press of America.

Parsons, Talcott (1968),"The professions", em *International Encyclopedia of the Social Science*, vol. 12, Nova Iorque, The Fee Press and Macmillan.

Wilensky, Harold (1964), "The professionalization of everyone?", *American Journal of Sociology*, 70.

Lição 3. A corrente interaccionista

Em que condições algumas ocupações se transformam em profissões? Esta é a questão que orienta a análise interaccionista das profissões. Por contraponto à abordagem funcionalista, no quadro do interacionismo foi sendo desenvolvida uma abordagem complementar centrada sobretudo no estudo dos processos de aquisição do estatuto de profissão, pelos mais diversos grupos ocupacionais. Tendo como principal referência o trabalho de Hughes (1971), o fenómeno das profissões é recolocado no quadro da análise sociológica da divisão do trabalho – toda a análise sociológica do trabalho humano deve ter como ponto de partida a divisão do trabalho, isto é, a análise dos procedimentos de distribuição social das atividades.

A divisão do trabalho, objeto de conflitos sociais, implica uma hierarquização de funções e uma separação entre funções sagradas e profanas, sendo efetuada com recurso a duas operações que orientam a seleção dos profissionais: licença e mandato. Estas duas noções constituem a base da divisão moral do trabalho, isto é, o processo pelo qual funções diferentemente valorizadas por uma coletividade são distribuídas entre os seus membros. Os grupos profissionais resultam de processos de interação que conduzem os membros de uma mesma atividade de trabalho a organizar-se, a defender a sua autonomia e o seu território e a proteger-se da concorrência. Os grupos profissionais procuram fazer-se reconhecer pelos outros desenvolvendo retóricas profissionais e procurando proteções legais. Alguns conseguem atingir este objetivo melhor do que outros, mas todos aspiram a obter um estatuto protegido.

Uma profissão nasce no momento em que uma ocupação fixa o seu mandato perante terceiros, mas tal fixação é o resultado de um processo social, não de traços que testemunham o progresso de uma civilização, como afirmado nas abordagens funcionalistas. Comparando as situações de trabalho de profissionais com as de outras atividades ou ocupações, Hughes conclui que a especificidade das profissões reside não em atributos ou características particulares, mas nas seguintes condições de exercício da atividade:

- existência de autorização e mandato sobre saberes "sagrados" e secretos, confiados pela autoridade;
- existência de instituições destinadas a proteger o diploma e a manter o mandato, intermediárias entre o Estado e os profissionais, e entre estes e o público;
- existência de carreiras, isto é, de espaços de diferenciação e hierarquização interna, nos quais o essencial do mandato é reservado aos profissionais dotados dos traços conformes ao estereótipo dominante, bem como de socialização, uma vez que às licenças e mandatos estão necessariamente associadas uma filosofia e uma visão do mundo.

Nos estudos interaccionistas, as associações profissionais são definidas, tal como os estabelecimentos de ensino superior, enquanto instituições de proteção dos diplomas, das licenças e dos mandatos. São instituições intermediárias entre o Estado e os profissionais e entre estes e os clientes ou o público, que participam do jogo de construção das retóricas ou dos discursos, visando o reconhecimento público e a proteção legal.

É assim, neste novo quadro de orientação teórico-metodológica, que Hughes considera que mais importante do que definir o que é uma profissão é identificar as circunstâncias segundo as quais as ocupações se transformam em profissões. As escolas são instituições centrais nesses processos de profissionalização, porque, por um lado, nos conflitos de disputa de áreas de trabalho entre grupos ocupacionais, o recurso mais importante é o aumento dos níveis de qualificação, a instituição de curriculum. Por outro lado, são, efetivamente, as instituições que atribuem licenças para trabalhar numa ocupação, estabelecendo a distinção entre os verdadeiros profissionais e os leigos. É esta perspectiva processual e relacional do fenómeno, não funcionalista nem naturalista, que permite a Hughes perceber a formação como um meio, um recurso, não como um atributo,

Na mesma linha, Bucher e Strauss (1961) colocam a ênfase na diversidade e no conflito de interesses dentro das profissões e analisam as implicações e alterações decorrentes desses processos conflituais, no que respeita à situação dos grupos ocupacionais. Consideram que as profissões, ao contrário das abordagens funcionalistas, estão longe de ser blocos homogéneos, comunidades cujos membros partilham identidades, valores e interesses, por força dos processos de socialização nas instituições de formação. Dentro das profissões existem segmentos ou grupos constituídos a partir da diversidade das instituições de formação e de recrutamento e da diversidade de atividades desenvolvidas por membros do mesmo grupo ocupacional, pelo uso de diferentes técnicas e metodologias, pelo tipo de clientes e pela diversidade de sentidos de missão, sendo que tais diferenças podem até corporizar diferentes associações de interesses no interior do próprio grupo. Tais segmentos tendem a tomar o carácter de movimento social, desenvolvem identidades distintivas, um sentido de passado e futuro específicos, organizam as suas atividades e desenvolvem interações por forma a garantir uma posição institucional. Com essas interações, que assumem a maior parte das vezes a forma de conflitos, ocorrem mudanças, avanços, redefinindo-

-se novas posições e relações dentro do grupo e fora dele, que são parte fundamental nos processos de profissionalização. Os autores sugerem, como método de análise das profissões, o estudo desses processos conflituais no que respeita à sua origem, recrutamento, liderança, desenvolvimento de estruturas organizacionais, ideologia e estratégias de implantação, ilustrando a aplicação da metodologia proposta com a análise das diferentes especialidades existentes no interior da profissão médica.

Conceitos-chave nos estudos interaccionistas sobre profissões

- *Licença*: autorização para exercer determinada atividade em regime de exclusividade e proteção da concorrência.
- *Mandato*: missão reconhecida socialmente que valoriza as atividades do grupo profissional.
- *Segmentos profissionais*: parte integrante das profissões entendidas como conglomerados de segmentos em competição e em reestruturação contínuas.

Bibliografia específica

Abbott, Andrew (1991),"The order of professionalization: an empirical analysis", *Work and Occupations*, 18 (4).

Bucher, R. e Anselm L. Strauss (1961), "Professions in process", *American Journal of Sociology*, 66,

Bucher, R., e Anselm Strauss (1966), "Professional associations and the process of segmentation", em Howard M. Vollmer e Donald L. Mills (orgs.), *Professionalization*, Nova Jérsia, Prentice-Hall.

Hughes, Everett C. (1971), *The Sociological Eye. Selected Papers*, Chicago e Nova Iorque, Aldine, Atherton.

Lição 4. A abordagem crítica

A partir do final da década de 1960, a sociologia das profissões, sobretudo os trabalhos tributários do paradigma funcionalista dominante durante todo o período anterior, é atingida por críticas centradas na ideologia do profissionalismo e na a-historicidade tanto da abordagem funcionalista como da interaccionista. Uma componente importante do movimento crítico consistiu no lançamento de um novo olhar sobre os principais pressupostos do modelo profissional, à luz do qual os atributos ou características são vistos, em primeiro lugar, como pretensões ou crenças das próprias profissões, ou mesmo argumentos utilizados para legitimar e justificar a situação de relativo privilégio dos profissionais. Os sociólogos das profissões são, neste novo quadro, acusados de terem aceite ou tomado como características objetivas os elementos de uma ideologia, fazendo a sua defesa e apologia e participando dela.

Gyarmati (1975) dá-nos um bom exemplo deste tipo de exercício. Segundo o autor, a sociologia das profissões tradicional, funcionalista, transformou em teoria uma doutrina, a doutrina das profissões, isto é, transformou em teoria um conjunto de estereótipos usados pelas próprias profissões para criarem e manterem intocável o sistema de mandarinato. Assim, a doutrina das profissões, o sistema de crenças, representações e normas seriam o principal recurso que permitiria às profissões manter o mandarinato (autonomia e monopólio). A sociologia das profissões, ao transformar esta doutrina em teoria, cumpriu uma função ideológica, ajudando a legitimar e perpetuar o *status quo*.

Nesta mesma linha, também Jamous e Peloille (1970) consideram que muitas das características ou traços do modelo profissional são parte da ideologia do profissionalismo, nomeadamente o conhecimento, podendo ser manipulado e modificado, na relação tecnicalidade/indeterminação, para melhor servir as necessidades dos membros das profissões. A ideologia seria usada pelos membros dominantes como meio de defesa, exclusividade e auto-perpetuação em confronto com ameaças de inovação e racionalização de tarefas, bem como instrumento nas lutas entre grupos ocupacionais disputando a mesma área de atividade.

A segunda crítica, relativa à a-historicidade dos estudos das profissões, é formulada por Johnson (1972), o qual considera que, mesmo com o conceito de profissionalização introduzido por Wilensky, a abordagem funcionalista do fenómeno das profissões sugere um processo cronológico, evolucionista, que ignora variações nas condições históricas sob as quais se desenvolvem diferentes formas de ocupações. Ora, as variações dos processos de profissionalização no tempo e no espaço, justamente, permitem concluir que não existe tal processo evolucionista. O interaccionismo propõe também uma abordagem a-histórica na medida em que "as circunstâncias..." a que Hughes se refere nos processos de transformação de uma ocupação em profissão são relativas à tomada de consciência "profissional" do grupo ocupacional e à sua mobilidade, assumindo que as pretensões de *status* profissional são elas próprias a principal condição para a referida transformação.

Com o movimento crítico, e no seu âmbito, são dados os primeiros passos de novas abordagens e perspetivas centradas na análise do poder, isto é, na análise das condições que permitem às profissões ou a certos grupos ocupacionais desenvolverem e manterem situações de privilégio, bem como das condições que permitem que se distingam por elevado estatuto, grau de controlo, organização e influência. Seriam o poder e estatuto das profissões que potenciariam a reificação do fenómeno no imaginário social.

Johnson é o primeiro autor a defender a necessidade de centrar a análise das profissões nas relações de poder. Este autor considera que as atividades ocupacionais são, no essencial, uma consequência geral da divisão do trabalho e que a emergência, em qualquer sociedade, de saberes ocupacionais especializados na produção de bens ou serviços, cria relações de dependência social e económica e relações de distância social. À especialização da produção corresponderia a *des-especialização* dos consumidores. A distância social cria uma estrutura de incerteza ou indeterminação na relação entre produção e consumo, da qual resulta uma tensão determinada pela potencial exploração. O grau de incerteza ou indeterminação é variável, podendo ser reduzido com custos imputáveis às profissões ou aos consumidores em função do contexto social e das relações de poder. Porém, o nível de indeterminação tem consequências importantes para a autonomia relativa e os recursos de que as ocupações dispõem para se imporem perante outras ocupações e para imporem as suas definições na relação com os consumidores dos

PROFISSÕES

seus serviços. A incerteza não é inteiramente cognitiva, tem uma componente de complexidade do conhecimento, de esoterismo, mas também de mistificação deliberadamente desenvolvida pelas profissões com vista a aumentar a distância, a autonomia e o controlo sobre a prática ou atividade profissional. O profissionalismo é assim redefinido pelo autor como um tipo peculiar de controlo ocupacional, não como um tipo de ocupação ou uma expressão da natureza de ocupações particulares, mas como meio de controlo de uma ocupação.

Para Johnson, o principal recurso ou fundamento do poder profissional resulta da contribuição do grupo profissional para as funções globais do capitalismo, quer dizer, a posição de uma ocupação na divisão do trabalho é função da sua contribuição para as funções globais do capital, para a produção de lucro, para a realização do capital e para a reprodução das relações sociais que asseguram a manutenção do modo de produção capitalista, devendo a explicação do domínio de umas ocupações sobre outras ser procurada nos laços que a unem à classe dominante. Com a contribuição de Johnson pode-se dizer que se inicia uma nova fase marcada pelo alargamento do campo de observação, passando de uma visão internalista das profissões para o estudo em simultâneo das interações estabelecidas com o exterior, com a estrutura de classes da sociedade envolvente, e sobretudo, com o Estado.

Bibliografia específica

Gyaramati, G. (1975), "The doctrine of the profession: basis of a power structure", *International Social Science Journal*, XXVII (4).
Johnson, Terence (1972), *Professions and Power*, Londres, Macmillan.

Lição 5. A corrente neoweberiana

Uma outra corrente importante na sociologia das profissões, designada por neoweberiana, que tem como principal referência o trabalho de Larson, *The Rise of Profissionalism. A Sociological Analysis* (1977), desenvolve um quadro analítico que perspectiva as profissões como instituições que atuam no mercado de trabalho com a finalidade de reforçar o seu poder, prestígio e privilégios económicos. Tanto ao nível dos discursos como das práticas profissionais, dominaria uma ideologia mitificadora das profissões, ao abrigo da qual os grupos profissionais, enquanto grupos específicos de trabalhadores pertencendo a camadas médias que partilham, em graus diversos, crenças comuns, desencadeariam ações coletivas estratégicas e competitivas, conflituais ou de negociação, visando fazer reconhecer as suas competências, legitimar os seus privilégios e aumentar o seu estatuto social, isto é, visando maximizar as suas posições relativas. O objetivo último seria o estabelecimento de monopólios sobre determinadas áreas do saber e da atividade.

Um dos principais eixos da referida ação estratégica é a construção da identidade coletiva do grupo, o que envolve o esforço de associativismo e organização da ação coletiva. Uma parte dessas ações incide sobre as questões da formação ou da institucionalização dos processos de aquisição de competências: "Os anos de escolaridade funcionam mais como uma justificação ideológica para o preço dos serviços profissionais do que como determinante do seu valor de mercado" (1977: 93).

As análises sociológicas inspiradas por Larson relevam sobretudo o quadro de motivações económicas e das referências ideológicas, trabalhando noções como mercado de trabalho fechado, monopólio profissional e competição. O fechamento dos grupos profissionais traduz-se em restrições à entrada na profissão do qual resulta a manutenção do valor do seu trabalho no mercado. Vários estudos apresentam exemplos de grupos ocupacionais em relação aos quais se aumentaram os *standards* mínimos de entrada, incluindo o nível de formação, sem evidência factual sobre o reflexo da formação formal na qualidade do trabalho ou do aumento da complexidade das tarefas a desempenhar.

O papel das associações profissionais, neste quadro analítico, centra-se na criação, e posterior controlo, dos monopólios profissionais, bem como na aquisição de estatuto social e económico para os seus membros. O primeiro passo nesses processos é a reivindicação do controlo da formação, garantia da aquisição das competências. As associações devem apresentar-se junto do Estado como o único garante do nível e qualidade das competências requeridas para prestar determinado serviço, bem como do controlo do exercício e práticas profissionais, portanto com capacidade auto-reguladora. Os sistemas de licenças, registo e certificação do exercício da atividade permitem às associações dar credibilidade e obter reconhecimento público e oficial para o controlo da qualidade e das condições do exercício profissional dos membros da profissão e, simultaneamente, controlar o número de profissionais e limitar o acesso à prática profissional, sendo um instrumento importante nos processos de fechamento dos mercados profissionais. A auto-regulação teria como principal função a salvaguarda da autonomia e da segurança de rendimentos, exclusivamente para os membros profissionais inscritos e licenciados pela associação.

Conceitos-chave, na perspetiva neoweberiana

- *Projeto profissional*: movimento desencadeado pelos mais diversos grupos ocupacionais visando, simultânea e articuladamente, a criação de mercados de trabalho protegidos e a mobilidade social dos seus membros, requerendo do Estado, para esse efeito, a garantia de mecanismos monopolizadores e justificando as suas pretensões com princípios não económicos como a qualidade, as competências, o altruísmo, os comportamentos profissionais, etc.
- *Monopólio profissional*: domínio exclusivo de uma profissão, ou seja, direito de exclusividade alcançado por grupos profissionais no acesso e no exercício de atividades específicas, o que lhes permite impedir todos os que não estejam oficialmente credenciados de oferecer serviços nesse domínio específico.
- *Fechamento social*: conjunto de processos pelos quais grupos ou coletivos sociais tendem a regular a seu favor as condições do mercado perante a competição atual ou potencial de pretendentes e leigos, restringindo o acesso a recursos e oportunidades a um pequeno número de eleitos.

As associações profissionais são assim perspetivadas como grupos de interesses, basicamente económicos, em alguns casos poderosos, que se organizam tendo em vista maximizar o seu poder através da manipulação, também ideológica, do Estado na construção de mercados fechados e protegidos. Recorde-se que a questão da auto-regulação era justificada, nos estudos do funcionalismo, pelo quadro de valores e motivações dos profissionais (altruísmo e código de ética de prestação de serviço aos clientes) e pela assimetria de posições no que respeita às qualificações e ao conhecimento técnico e especializado (exclusivamente detidos pelos profissionais), conferindo aos profissionais e seus pares a capacidade de determinação dos padrões de qualidade e dos custos dos serviços, nas melhores condições para o cliente.

Freidson propõe um modelo de análise simultaneamente complementar e alternativo do proposto nos contributos neowebwrianos clássicos. Este autor, cujos principais trabalhos estão reunidos na antologia *Profissionalim Reborn* (1994), tem sido talvez o principal responsável pela recuperação e reabilitação do estatuto das profissões e do profissionalismo. Prefere a expressão *mercados protegidos* para designar os *monopólios profissionais*, pois considera que revela melhor a natureza incompleta da maior parte dos projetos de profissionalização ou de fechamento dos mercados de serviços profissionais.

No essencial, Freidson reconhece os "vícios" das profissões e do profissionalismo, mas sublinha-lhes as "virtudes", nomeadamente destacando que são formas de controlo ocupacional do trabalho, com enormes vantagens em relação a outras formas de controlo, seja o controlo burocrático administrativo por parte do Estado, seja o controlo exercido pelo mercado com base nas escolhas dos consumidores, clientes e empregadores. Argumenta que métodos de controlo burocrático ou com base no funcionamento do mercado são mais empobrecedores da qualidade dos serviços a prestar aos consumidores do que os métodos de controlo ocupacional típico das profissões, que se baseiam na autonomia e na valorização permanente do conhecimento e da qualidade. Para o autor, esta supremacia é evidente sobretudo no caso dos serviços públicos, que têm associadas dimensões de complexidade e discricionarismo. Neste quadro argumentativo, sublinha ainda o papel das associações profissionais junto do Estado e de outros organismos de poder, designadamente legislativo, no sentido de salvaguardar e desenvolver a qualidade dos serviços públicos.

Conceitos-chave na abordagem de Freidson

- *Autonomia profissional,* ou *controlo ocupacional:* direito ou possibilidade de os profissionais individuais determinarem o tipo e a forma dos serviços prestados aos clientes, ou seja, poder de julgamento, decisão e ação. Tal possibilidade é justificada pela posse de conhecimentos e competências profissionais específicas *credenciados* por diploma. Ao nível agregado, traduz-se na possibilidade de os profissionais determinarem que serviços profissionais podem ser prestados e como devem ser organizados.
- *Regulação profissional:* conjunto de medidas legislativas e administrativas através das quais se determina, controla ou influencia as práticas profissionais para evitar que tais práticas tenham efeitos lesivos sobre interesses socialmente legítimos.

Se, como vimos, Larson e a corrente neoweberiana clássica destacam os mecanismos de fechamento social decorrentes do estabelecimento de mercados protegidos, Freidson realça os mecanismos de aquisição de autonomia e poder profissional como uma modalidade alternativa a outros poderes. Na esteira de Merton, Freidson reconhece que existe uma dualidade na orientação das associações profissionais e dos seus membros, simultaneamente vocacionados para a proteção do mercado de profissionais, mas também para agir junto dos poderes públicos e privados tendo em vista a permanente melhoria da qualidade dos serviços prestados. Reconhece a existência de tensões entre manter a proteção do mercado, controlar e monitorar as competências, promover os valores profissionais de autonomia e melhorar constantemente os serviços prestados. A resolução de tais tensões requer uma permanente atenção às questões da regulação profissional da definição e aplicação dos códigos de ética. No que respeita à regulação profissional, esta deve abranger a regulação das condições de oferta, de procura e de execução dos serviços profissionais, isto é, da qualificação necessária, das condições de acesso à qualificação, da acreditação de cursos ou programas de formação, dos sistemas de registo e licença para exercer a profissão, do controlo sobre o exercício profissional e o poder disciplinar, bem como dos custo dos serviços. A existência de diferentes tipos de regulação profissional, como a auto-regulação (associações profissionais), a regulação pública (organismo do Estado) e a regulação pelo mercado (os clientes, consumidores ou empregadores), remete para diferentes modelos de organização das profissões.

Bibliografia específica

Larson, Magali Sarfatti (1977), *The Rise of Professionalism. A Sociological Analysis*, Berkeley, University of California Press.
Freidson, Eliot (1994), *Professionalism Reborn. Theory, Prophecy and Policy*, Cambridge, Polity Press.

Lição 6. A análise sistémica e as abordagens comparativas

Autores dos diferentes paradigmas são unânimes em considerar o livro de Abbott (1988), *The System of Professions. An Essay on the Division of Expert Labor*, como um marco incontornável na história da disciplina. Isto porque, ao mesmo tempo que procura construir um novo paradigma teórico-metodológico, incorpora os anteriores paradigmas e ilustra a formulação proposta com análises empíricas. Os cinco principais pressupostos da sua formulação resultam, justamente, da crítica que faz aos conceitos de profissão e de profissionalização, na tradição da disciplina. Em primeiro lugar, o estudo das profissões deve centrar--se nas áreas de atividade (jurisdições) sobre as quais aquelas detêm o direito de controlar a prestação de serviços, isto é, no tipo de trabalho que desenvolvem e nas condições de exercício da atividade, não apenas nas suas características culturais e organizativas. Em segundo lugar, as disputas, os conflitos e a competição em áreas jurisdicionais constituem a dinâmica de desenvolvimento profissional, pelo que a história das profissões é a história das condições e consequências da apresentação de reclamações de jurisdição, pelos grupos ocupacionais, sobre áreas de atividade que já existem, são criadas ou estão sob o domínio de outro grupo. Em terceiro lugar, as profissões existem no conjunto do sistema ocupacional e não como entidades isoladas, pelo que a sua abordagem deve considerar o sistema de interdependências que caracteriza as relações entre os grupos profissionais. Em quarto lugar, o principal recurso na disputa jurisdicional, e a característica que melhor define profissão, é o conhecimento abstrato controlado pelos grupos ocupacionais: a abstração confere capacidade de sobrevivência na competição entre profissões, defendendo de intrusos, uma vez que só um sistema de conhecimento governado por abstração permite redefinir e dimensionar novos problemas e tarefas. E, finalmente, os processos de desenvolvimento profissional são multidireccionais, não se podendo sustentar as teses de tendência sobre a profissionalização ou desprofissionalização.

Abbott conceptualiza uma abordagem sistémica e dinâmica do fenómeno das profissões. Num quadro de crescente especialização e divisão do trabalho, a relação entre as ocupações é assumida como dimensão importante na análise do sistema ocupacional: se, idealmente, a harmonia e o equilíbrio existem, realizando cada uma das ocupações um conjunto particular de tarefas distintas e complementares, na realidade ocorrem inúmeros conflitos de disputa de áreas de atividade, sendo através da resolução de tais conflitos que se redefinem as relações entre as ocupações.

Partindo de tal pressuposto, argumenta que a análise sociológica das profissões deve centrar-se, em primeiro lugar, na identificação das condições gerais do estabelecimento efetivo e da manutenção das áreas jurisdicionais pelas ocupações, bem como na identificação dos recursos usados nos processos de fixação e de mudança jurisdicional, no âmbito do sistema das profissões. São elementos fundamentais das condições e dos recursos a natureza das tarefas e a estrutura intelectual de articulação das ações de diagnóstico, tratamento e inferência no centro da aprendizagem profissional, as estruturas que suportam as reclamações e através das quais são desenvolvidas ou avançadas, avaliadas e fixadas as jurisdições, bem como os fatores históricos e culturais que podem fazer variar as características do sistema ocupacional e afetar a extensão da competição. Em segundo lugar, considera que devem ser analisadas as fontes de mudança no interior e no exterior de sistema. Internamente, a principal fonte de mudança é a própria diferenciação interna. As profissões são internamente diferenciadas e mudanças na sua composição interna podem afetar ou introduzir transformações no poder e na legitimidade das profissões. As forças externas, como mudanças tecnológicas e organizacionais que criam e destroem atividades, abrindo e fechando, fortalecendo ou enfraquecendo áreas de jurisdição, podem provocar uma cadeia de distúrbios ou perturbações que se propagam através do sistema até serem absorvidos pela profissionalização, pela desprofissionalização, ou pela estrutura interna dos grupos já existentes.

Esta perspetiva de análise é intrinsecamente dinâmica e comparativa, propondo a análise da formação e transformação de *clusters* de ocupações profissionais em relação com a construção e erosão de tarefas ou domínios de atividade. Segundo Abbott, a própria natureza do trabalho profissional ajuda a determinar a vulnerabilidade das jurisdições perante a interferência dos grupos competidores e as forças internas ou externas de mudança. A atividade das profissões incide sobre problemas humanos, passíveis de resolução pelo serviço de peritos. Os problemas podem ser individuais ou coletivos, devidos a distúrbios ou a perturbações que é necessário resolver, ou a processos de criação de novas catividades. Podem ser objetivos, devido a imperativos naturais ou tecnológicos, ou subjetivos, devido a imposições culturais, residindo a principal diferença entre as qualidades objetivas ou subjetivas dos problemas na possibilidade da sua resolução através do trabalho profissional. Neste quadro, o conhecimento académico é um elemento-chave do sistema, ou seja, do carácter abstrato do sistema de classificação, do sistema de conhecimento que formaliza o saber-fazer profissional. Mas, para além desta função de legitimação do trabalho dos profissionais, o conhecimento académico cumpre uma outra: o desenvolvimento e produção de novos diagnósticos, tratamentos e métodos de inferência. No modelo sistémico, a ênfase é, pois, colocada no sistema de conhecimento e no grau de abstração do mesmo, elemento fundamental na competição entre profissões, sendo, todavia, sempre respeitante a um tempo e um espaço no sistema de profissões, e portanto, relativo. Isto é, à pergunta sobre qual o grau de abstração necessário e suficiente para ser profissão, a resposta é: depende do tempo e do espaço, não existe um padrão absoluto. É o grau de abstração necessário e suficiente para competir num particular contexto histórico e social.

Na Europa, durante muito tempo, foram considerados pouco pertinentes tanto o conceito de profissão como o seu estudo, devido não só à ausência de um termo com implicações similares nas linguagens do continente europeu, como, mais importante ainda, devido ao proeminente papel do Estado na definição das fronteiras dos grupos profissionais. O modelo profissional da teoria funcionalista, muito marcado pela situação das profissões liberais, não tinha aplicação, nem, aparentemente, equivalente, na realidade do lado de cá do Atlântico.

Em certa medida, ao realçar o controlo do mercado de competências no processo de constituição das profissões, o contributo de Larson reforçou aquelas posições, da mesma forma que confirmou as teses que negavam o estatuto de profissão aos engenheiros ou outras ocupações assalariadas, fazendo residir no mercado as principais dificuldades para a concretização dos projetos de profissionalização. Repete-se, com Larson, o equívoco já criticado nos funcionalistas, que consiste na construção do modelo ou na definição de profissão a partir de traços ou características das profissões liberais, deixando de fora, de forma demasiado expedita, formas de organização de ocupações passíveis de serem compreendidas à luz dos princípios do modelo de organização profissional.

A erosão do paradigma funcionalista e a reificação do processo de construção do fenómeno das profissões traduziram-se, entre outras coisas, no desenvolvimento de uma série de estudos históricos, procurando identificar as instituições culturais e condições sociais, políticas e económicas presentes na origem das profissões e do profissionalismo. Generalizou-se a convicção de que as formas de organização profissional contemporâneas, as diferentes modalidades e os padrões encontrados são, de alguma forma, determinados pela sua história, pelas suas origens.

Conceitos-chave, na abordagem sistémica

- *Fixação de jurisdição*: proibição legal de outros grupos ou indivíduos desenvolverem o trabalho. Pode ser total, normalmente baseada no poder do conhecimento abstrato que a profissão tem para definir e resolver certos problemas, por subordinação, interdependência de grupos ou controlo de parte do trabalho por outro grupo.
- *Estrutura interna*: também designada por organização social de uma profissão, tem três componentes, a saber, os grupos ou segmentos, com diversas formas e características, as instituições de controlo, como escolas, licenças e códigos de ética, e as situações de trabalho. A ligação dos membros de uma profissão à estrutura varia consideravelmente. Existem membros centrais (elites dos locais de trabalho, das escolas ou das associações) e periféricos. Por outro lado, os grupos são estratificados vertical e horizontalmente. (A estratificação interna é muitas vezes confundida com especialização. Contudo, dentro das especializações há também hierarquias internas).
- *Diferenças internas*: são um dos principais mecanismos da dinâmica do sistema. Sendo as profissões grupos organizados de indivíduos que fazem diferentes coisas em diferentes locais de trabalho, para diferentes clientes e com diferentes carreiras, essas diferenças geram e absorvem perturbações, afetam a interconexão entre profissões e constituem uma mediação para o desnível existente nas relações entre profissões nos locais de trabalho (flutuantes) e as relações entre profissões nos domínios público e legal (relativamente estáveis). Sem as diferenciações internas, a *décalage* entre o formal e o informal, no mundo das relações interprofissionais, não podia ocorrer.
- *Tipos de diferenças internas*. Existem quatro grandes tipos de diferenças internas: diferenças de estatuto intraprofissional; diferenças em função dos clientes; diferenças na organização do trabalho; diferenças nos padrões de carreira.

É assim que, na Europa, a partir do final dos anos 1980, se desenvolvem inúmeros estudos comparativos, procurando distinguir diferentes padrões de profissionalização em diferentes profissões e em diferentes países, criticando-se as conceptualizações dominantes nos países de língua inglesa e chamando a atenção para o importante papel do Estado naqueles processos.

A perspectiva estática é substituída por uma perspectiva dinâmica da profissionalização como processo. As questões históricas tornaram-se imprescindíveis, não apenas as decorrentes da descrição dos diferentes processos de profissionalização, mas também as decorrentes da procura de explicação para diferentes situações, como por exemplo, porque é que umas ocupações são bem-sucedidas no processo de profissionalização e outras não. O que muitos dos estudos históricos permitem observar e concluir é que as formas de organização profissional resultam de processos históricos contingentes, quase sempre envolvendo processos de negociação e conflito, diferentes agentes, segmentos, etc., assumindo particular relevo a diversidade interna e a estratificação do próprio grupo ocupacional. Sob a capa do profissionalismo esconde-se uma grande variedade de ideologias ocupacionais que, por exemplo, no caso dos engenheiros, opõem a defesa do estatuto ocupacional à defesa de papéis sociais de intervenção e de responsabilidade política. Por fim, reconhece-se ainda que um elemento importante na concretização de projetos de profissionalização é a sua ligação às elites, através da presença de membros da elite política e económica nos grupos profissionais.

Um testemunho importante deste esforço de desenvolvimento de estudos comparativos são os livros editados, em 1990, por Torstendahl e Burrage. Os autores identificam elementos comuns a todos os processos de formação das profissões. Em primeiro lugar, o sistema de conhecimento com tradução na resolução de problemas, numa fase inicial definidos por clientes ou empregadores individuais e posteriormente definidos sobretudo pelos clientes ou empregadores no contexto de organizações. Em segundo lugar, os projetos de profissionalização, isto é, as estratégias desenvolvidas por grupos profissionais, constituídos por referência ao sistema de conhecimento, com vista a fortalecer a posição dos profissionais no mercado de trabalho. Uma das mais importantes características do estatuto profissional é a autonomia, se bem que não sejam os grupos mais autónomos os mais tipicamente profissionais. Consideram ainda que são muitas as variáveis que podem determinar a concretização dos projetos profissionais, como sejam a forma de transmissão dos conhecimentos, o tipo de conhecimento-base organizado, muitas vezes, em subespecialidades e numa hierarquia que reproduz o sistema de ocupações (ver médicos e enfermeiros; engenheiros e engenheiros técnicos), bem como o tipo de clientes ou entidades empregadoras. E finalmente, considera-se a intervenção do Estado como uma das variáveis mais importantes. Este não apenas reconhece e ratifica ou certifica a posição dos grupos na sociedade, como incorpora em si competências dos profissionais e, mais importante do que tudo o mais, define e organiza o sistema de educação.

Bibliografia específica

Abbott, Andrew (1988), *The System of Professions. An Essay on the Division of Expert Labor*, Chicago, University of Chicago Press.
Torstendahl, Rolf e Michel Burrage (orgs.), (1990), *The Formation of Profession. Knowledge, State and Strategy*, Londres, Sage.

Lição 7. Profissionalização e desprofissionalização

A observação de mudanças nos subsistemas sociais, culturais e económicos das sociedades mais desenvolvidas fez emergir um debate estruturado em torno das seguintes questões: as profissões mantêm atualmente o seu poder e centralidade, bem como os privilégios decorrentes? Qual o sentido de evolução das profissões? As respostas a estas questões organizam-se em torno de duas teses principais: as teses do domínio das profissões e as teses do declínio do poder profissional (desprofissionalização e proletarização).

Aqueles que tendem a considerar a importância crescente da ciência e do conhecimento científico nas sociedades mais avançadas e, portanto, das profissões enquanto forma de organização social, tendem a valorizar positivamente as mudanças sociais, económicas e culturais decorrentes da crescente importância da ciência, da massificação e do aumento do número de diplomados do ensino superior e de ativos nas profissões científicas e técnicas, do aumento da escolaridade e dos níveis de instrução e de conhecimento das populações e do crescente emprego de profissionais nas grandes organizações burocráticas. Freidson (1994), um dos autores que mais contributos deu para a compreensão do fenómeno de difusão do profissionalismo, defende que o aumento ou diminuição das profissões apenas pode ser apreendido pelo aumento ou diminuição da difusão do princípio ocupacional de organização do trabalho, isto é, pelo aumento ou diminuição de membros de grupos ocupacionais com capacidade e com autonomia para organizar o seu trabalho, sublinhando e valorizando os efeitos da expansão do conhecimento e do crescimento do número de profissionais capazes de aplicar conhecimentos e competências especiais na resolução de mais problemas. Observa, nas sociedades mais desenvolvidas, a crescente proporção de trabalhadores produtivos com elevados níveis de formação científica e saberes abstratos (*knowledge-based workers*), em resultado de longos períodos de formação em instituições especializadas. A educação superior vocacional proporciona não apenas conhecimentos, constrói também identidades ocupacionais das quais resultam solidariedades ocupacionais entre os membros de uma mesma competência especializada. Esses trabalhadores desenvolvem um tipo de trabalho que responde a necessidades organizacionais e têm capacidade de resistência à simplificação, à fragmentação, à mecanização ou a outros modos de racionalização administrativa. Essa capacidade de resistir às pressões administrativas é reforçada pelo grau de controlo monopolístico do mercado de trabalho da ocupação, conseguido através do controlo sobre o recrutamento, a formação e o licenciamento dos membros. O seu poder estende-se à definição das tarefas, à determinação das condições de qualificação para as realizar, bem como ao controlo e avaliação dos serviços profissionais.

Definindo as profissões de acordo com estes princípios de poder e de monopólio ocupacionais, analisar o futuro das profissões ou o sentido da sua evolução passa por identificar as variáveis que em cada caso podem afetar o grau de controlo da ocupação sobre o seu próprio trabalho. Estas são o grau de especialização dentro da profissão e o aumento da complexidade na divisão do trabalho.

Na defesa das teses do declínio do poder profissional destacam-se dois autores: Haug, com a tese de tendência à desprofissionalização, e Oppenheimer, com a tese da tendência à proletarização, inspirada nas teorias marxistas.

Segundo Haug (1975), a desprofissionalização resultaria do efeito combinado da ação dos clientes e consumidores e da evolução tecnológica concretizada na erosão do monopólio do conhecimento, na desconfiança no *ethos* humanitário dos profissionais e na perda de autonomia e autoridade, bem como do respetivo estatuto. Fenómenos como a emergência de atores e consumidores menos passivos e com maiores expectativas de participação, a escolarização generalizada e universal, implicando uma melhoria dos níveis educativos e informacionais dos indivíduos, a tendência à divisão do trabalho profissional (especialização) e a uma certa erosão resultante da rotinização e codificação da informação teriam como principal consequência a perda, por parte dos profissionais, da confiança dos clientes, a perda do poder, da autonomia e da autoridade. O seja, haveria uma tendência para a desprofissionalização. O contexto no qual ocorreria essa desprofissionalização seria marcado pela crescente divisão e especialização do trabalho, pela erosão do monopólio sobre o conhecimento por sucessivos processos de codificação corporizados na tecnologia de computadores, pelo ataque de para-profissionais à existência de credencialismo, pela crescente visibilidade ou tomada de consciência de que os profissionais são, na prática, menos humanistas e liberais e mais burocratas e tecnocratas e, por fim, pela crescente crítica e responsabilização por parte dos clientes.

Haug considera que o papel reservado ao cliente, pelos autores funcionalistas, nomeadamente Parsons, na relação cliente/profissional, é demasiado silencioso, de mero recipiente passivo ou beneficiário dos serviços profissionais. Em alternativa, tenta demonstrar a existência de efeitos combinados da ação dos clientes e consumidores, bem como da evolução tecnológica, num contraprocesso de desprofissionalização que envolveria três planos.

Em primeiro lugar, a erosão do monopólio do conhecimento dos profissionais, afetado pela difusão do conhecimento na sociedade e pelas rápidas mudanças nos níveis educacionais da população em geral, pela generalização de processos de codificação dos conhecimentos decorrentes da necessidade de padronização das aprendizagens ou das aplicações, bem como pela revalorização da componente do conhecimento profissional decorrente da experiência empírica, conhecimento esse passível de detenção por indivíduos sem formação académica, sendo difícil exercer sobre ele qualquer forma de monopólio, dada a sua natureza fragmentada. A divisão do trabalho emergente em muitos domínios profissionais no sentido da especialização constituiria uma outra ameaça ao exclusivo do controlo profissional da informação. Em segundo lugar, a erosão da confiança no *ethos* humanitário dos profissionais, posta em causa devido a diversos movimentos de consumidores e outros tipos de associativismo, reivindicando a responsabilização de profissionais pelos seus erros, contestando a liberdade de experimentação, exigindo regulamentação para experiências e ensaios de aplicação e criticando os profissionais pelo seu elitismo. E, em terceiro lugar, a perda de autonomia e autoridade, bem como do respetivo estatuto, postos em causa por um movimento no sentido da maior participação dos clientes nas decisões de profissionais, correspondendo este movimento à maioridade dos clientes, à sua passagem de clientes a consumidores, dos quais se espera que questionem e comparem, mas correspondendo também a uma sociedade mais igualitária, na qual as distinções entre profissionais e outros trabalhadores deixaria de ter tanto sentido como no passado.

Resumindo, segundo a autora, vários fatores se conjugam para a desqualificação dos profissionais e a decorrente perda de poder e protagonismo. Por um lado, a massificação e aumento numérico de diplomados, associados à perda de qualidade do ensino, menos abstrato e esotérico, ao excesso de oferta, à ocupação de posições de menor complexidade técnica e menor autonomia. Por outro lado, o desenvolvimento das especialidades e a aplicação de novas tecnologias associadas a processos de codificação do conhecimento, a uma maior divisão, rotinização e perda de controlo dos processos de trabalho. E, por fim, o aumento da participação política e dos níveis de conhecimento da população em geral, associados à redução das diferenças de conhecimento entre profissionais e clientes, ao decréscimo da confiança absoluta nos princípios científicos, ao desenvolvimento de reações à autoridade baseada no conhecimento, generalizando-se o desejo de controlo sobre as profissões.

Outra das teses de tendência é, como vimos, a da proletarização. O aumento do assalariamento e a entrada dos profissionais em organizações teriam, como principal consequência, a proletarização técnica, por perda de controlo dos profissionais sobre o processo e o produto do seu trabalho, ou a proletarização ideológica, por expropriação de valores, a partir da perda de controlo sobre o produto do trabalho e da relação com a comunidade.

Oppenheimer (1973) descreve os profissionais como estando a transformar-se num novo proletariado. O assalariamento, num contexto em que as novas tecnologias e as condições de trabalho não favorecem o trabalho liberal, implicaria a perda de privilégios e a aproximação dos profissionais, em termos de atitudes, valores e comportamentos, ao mundo dos operários. O autor importa das teorias marxistas o conceito, defendendo a tese segundo a qual, nos mais elevados estratos de emprego técnico-profissional, os trabalhadores profissionais autónomos estão a ser substituídos por trabalhadores proletarizados. Por trabalho proletarizado, no contexto dos estudos sobre profissões, o autor entende uma forma de trabalho com o estatuto de tipo-ideal (um modelo ao qual os casos concretos se podem aproximar mais ou menos, isto é, ocupar uma posição num *continuum* em direção ao tipo-ideal), na qual ocorre uma extensiva divisão do trabalho, realizando o trabalhador apenas uma ou um pequeno número das tarefas que constituem o conjunto do processo. As características do posto de trabalho, a natureza do produto e as condições seriam determinadas por autoridades exteriores ao grupo profissional, públicas ou privadas. A principal fonte de rendimento do trabalhador seria o salário, determinado em larga escala pelas condições do mercado e por processos económicos, incluindo a negociação.

O conceito de proletarização designa também o declínio das competências e qualificações e da autonomia do trabalho dos profissionais, em resultado dos esforços administrativos e burocráticos para melhorar o controlo sobre o processo produtivo, e não da ação dos consumidores ou dos processos internos de especialização e evolução tecnológica, como era suposto no conceito de desprofissionalização. Nas teses da proletarização, o acento é colocado na fragmentação, desqualificação e rotinização provocadas pela ação do poder burocrático-administrativo capitalista. Os profissionais, por força do assalariamento, transformam-se em trabalhadores especializados incapazes de escolher os seus próprios projetos ou tarefas e forçados a trabalhar a ritmos e com procedimentos institucionalizados pela descrição de postos ou funções ou por padronização das operações nas organizações.

Freidson (1994) critica as teses do declínio profissional que desvalorizam o poder profissional e avaliam negativamente esse mesmo poder. Na sua opinião, as mudanças que ocorreram nas profissões nas últimas décadas não podem ser adequadamente percebidas com conceitos como os de desprofissionalização e de proletarização. O autor considera que as instituições básicas utilizadas pelos profissionais para manter o controlo sobre a formação e sobre as condições da atividade se mantêm intactas e que a natureza do poder profissional não foi grandemente afetada. As mudanças respeitariam, sobretudo, à estrutura de poder das profissões, tendo-se gerado uma maior formalização nas relações estabelecidas no interior e no exterior da profissão, com consequências ao nível da estratificação e segmentação formal do grupo profissional (elite administrativa, elite do conhecimento, executores).

A integração de profissionais em organizações em situação de assalariamento condiciona a possibilidade de exercício profissional independente, de forma diferente nas várias profissões. Isso mesmo é evidente no facto de grande parte dos membros de profissões ocuparem correntemente posições de supervisão, gestão e execução. Muitos profissionais em organizações têm, na sua hierarquia, empregados com credenciais profissionais pelo com frequência o trabalho de profissionais é delineado e programado por membros da mesma profissão. É pois possível concluir que a integração dos profissionais em organizações apresenta quadros muito diferenciados entre si, de grande complexidade, que está longe de poder ser apreendida de forma linear.

Por outro lado, o estatuto formal de autoemprego não pode ser tomado, por si só, como um indicador da capacidade das profissões dominarem os termos, as condições e os objetivos do seu trabalho. O facto de se ser assalariado ou independente não é uma medida do poder profissional, nem do controlo sobre o próprio trabalho. Mais do que o poder das profissões, o que de facto pode ser afetado é o seu lugar no mercado, a sua relação com o mercado e a importância ou centralidade dos produtos ou serviços produzidos pelos profissionais. Afetado não só pelos recursos disponíveis na economia em geral, mas também por decisões económicas do Estado ou dos agentes económicos privados. Todavia, Freidson considera que, mesmo neste último caso, as profissões têm, elas próprias, com frequência, capacidade para influenciar as decisões de investimento.

Bibliografia específica

Freidson, Eliot (1994), *Professionalism Reborn. Theory, Prophecy and Policy*, Cambridge, Polity Press.
Haug, Marie R. (1975), "The deprofessionalization of everyone?", *Sociological Focus*, 8 (3).
Oppenheimer, M. (1973), "The proletarianization of the professional", em Paul Halmos (org.), *The Sociological Review Monograph (Professionalisation and Social Change)*, Keele, University of Keele, nº 20.

Lição 8. Profissões e organizações

O debate sobre a relação entre profissões e organizações ocorre nos domínios da sociologia das organizações e da análise funcionalista das profissões, incidindo sobre a compatibilidade entre o princípio organizacional e administrativo-burocrático de controlo e coordenação hierárquicos e o princípio de organização profissional da autonomia e da autoridade baseadas no conhecimento e nas competências individuais.

As profissões não liberais, predominantemente integradas em organizações, portanto em situação de assalariamento e dependência, constituíram desde sempre um "problema", sobretudo devido aos pressupostos teóricos e metodológicos dominantes na análise funcionalista das profissões, concentrados na formalização do modelo ou tipo-ideal de profissão, decalcado das características das profissões liberais.

O debate é pioneiramente lançado por Etzioni (1969), no âmbito da sociologia das organizações, salientando que existe uma oposição lógica e empírica entre as lógicas da autoridade administrativa e da autonomia profissional, como se pode facilmente verificar recenseando as características daquelas duas lógicas: (i) a autoridade administrativa é a base da organização hierárquica, atribuindo-se aos escalões do topo o poder de controlar e coordenar as atividades dos escalões inferiores; (ii.1) o conhecimento é uma propriedade individual, não transferível de uma pessoa para outra, ao contrário dos restantes meios organizacionais; (ii.2) a criatividade é também individual e só num grau muito limitado pode ser coordenada e controlada administrativamente. As duas últimas características, relativas à autonomia profissional, são claramente incompatíveis com a primeira, isto é, com o princípio organizacional de controlo e coordenação por superiores hierárquicos.

Etzioni considera que os problemas se colocam sobretudo nas *organizações não profissionais*, nas quais os profissionais têm predominantemente o estatuto de assalariados e, apesar de poderem ser em grande número, a sua atividade principal não é a produção de conhecimento, mas sim de bens e serviços. Noutros tipos de organizações identificados pelo autor, o problema da compatibilização entre aquelas lógicas não se faz sentir da mesma maneira. Isto é, a questão não se coloca, nas *organizações profissionais* com uma alta proporção de profissionais entre os empregados (50% ou mais) e criadas especificamente para produzir e aplicar conhecimento, ou nas *organizações de serviços* dependentes da atividade de profissionais que não fazem parte da organização mas detêm poder e autoridade.

Ao repto lançado por Etzioni, que assenta numa perspectiva funcionalista e propõe uma abordagem estática do problema, respondem vários autores. Alguns argumentam a favor da existência de um conflito potencial entre as duas instituições, profissões e organizações, decorrente de diferentes tipos de autoridade, de diferentes tipos de orientações, valores e motivações, de diferentes tipos de objetivos e expectativas de autonomia e outros privilégios.

No que respeita à tensão resultante do quadro de valores dos profissionais, Gouldner (1964 e 1970) lança para o centro da discussão os conceitos de *local* e *cosmopolita* para caracterizar os grupos profissionais em organizações em função das orientações, valores e grupos de referência. O autor argumenta que o conflito ocorre quando os grupos profissionais são marcadamente cosmopolitas, orientados pela procura de estatuto dentro do seu grupo, dedicados à especialidade, portadores de ideologia profissional e procurando a aprovação e reconhecimento dos pares. Os grupos ocupacionais localmente orientados têm como primeira lealdade a organização na qual trabalham, procurando subir na hierarquia, identificados com os objetivos e valores da organização e procurando dentro dela o reconhecimento, e portanto com uma orientação compatível com o princípio organizacional de controlo e coordenação por superiores hierárquicos.

Kornhauser (1963) centra a sua análise no conflito entre os objetivos dos profissionais, no caso particular cientistas e engenheiros, e os das organizações, no caso também as organizações económicas. Considera que a primeira função do profissionalismo é a de proteger os padrões de excelência baseados no desenvolvimento de pericialidade, na autonomia, na dedicação e na responsabilidade. Identifica como as duas maiores resistências aos valores profissionais os interesses dos clientes e os das organizações. O choque entre profissionais e organizações, resultante da pressão que as organizações exercem sobre o trabalho profissional, respeita não só aos objetivos mas também ao seu modo de funcionamento, em diferentes domínios. Em primeiro lugar, o domínio do controlo sobre o trabalho. As empresas tendem a ser estruturadas hierarquicamente sendo o controlo exercido em linha, enquanto no trabalho profissional o controlo é exercido entre colegas dentro do grupo. A determinação de como o trabalho profissional deve ser desenvolvido, isto é, a seleção de problemas e a determinação de soluções, leva a conflitos entre a hegemonia da organização e a autonomia dos profissionais. Em segundo lugar, o domínio dos incentivos. As organizações exigem lealdade, recompensada com estatuto organizacional. Em oposição, a lealdade à profissão e ao estatuto profissional pode desencadear conflitos no que respeita às motivações, incentivos e tipos de contribuição esperados e efetivos dos profissionais. Finalmente, o domínio da influência. A autoridade na organização é uma autoridade executiva, legitimada por mandato administrativo, enquanto a autoridade profissional é técnica e baseia-se na competência. Da subordinação de profissionais à autoridade administrativa podem resultar conflitos mesmo quando se assiste ao aumento de influência dos profissionais através da sua passagem para posições executivas. O autor apresenta uma séria de medidas tomadas nas organizações que considera reveladoras de uma tendência para a adaptação da organização aos requisitos do modelo profissional e dos profissionais aos requisitos das organizações.

Em alternativa, outros autores procurarão mostrar a não existência de conflito, denunciando a linearidade e inadequação dos conceitos usados para dar conta da situação dos profissionais nas organizações, designadamente o conceito de cosmopolitismo. Por outro lado, consideram que a existência de mecanismos de articulação entre as duas instituições anularia potenciais tensões.

Bibliografia específica

Etzioni, A. (org.), (1969), *The Semi-Professions and Their Organization. Teachers, Nurses, Social Workers*, Nova Iorque, The Free Press.

Gouldner, A. (1970), "Cosmopolitans and locals: toward an analysis of latent social roles", em Oscar Grusky e George Miller (orgs.), *Sociology of Organizations*, Nova Iorque, The Free Press.

Kornhauser, W. (1963), *Scientists in Industry*. Berkeley: University of California Press.

McCormick, K. (1985), "Professionalism and work organization: some 'loose ends and open questions'", *Sociology*, 19 (2).

Miller, G.A. (1970), "Professionals in bureaucracy: alienation among industrial scientists and engineers", em Oscar Grusky e George Miller (orgs.), *Sociology of Organizations*, Nova Iorque, The Free Press.

Lição 9. Profissões e Estado

Se o conhecimento é o elemento essencial na construção do poder profissional, em muitas abordagens o elemento imprescindível para a sua ampliação ou manutenção é a articulação com projetos políticos que utilizam esse mesmo conhecimento para a definição de problemas e para a sua solução. É hoje consensual entre a maioria dos autores, mesmo quando sobre o tema defendem teses diferentes, a centralidade, nas sociedades contemporâneas, da relação política entre as profissões e o Estado, do papel das profissões no processo político. A análise dessa relação e papel, bem como da dinâmica e estrutura política das profissões e das suas redes de influência e ação coletiva, constitui pois um dos objetos da sociologia das profissões.

O Estado, já presente nas abordagens funcionalistas, era visto como respondendo, de uma maneira relativamente passiva, a pressões para aprovar os direitos e competências das associações profissionais (Carr--Saunders e Wilson, 1934; Willensky, 1964; Millerson, 1964). O tão fraco relevo atribuído ao papel do Estado nas teorias funcionalistas, mas também o paradigma do poder e as abordagens críticas nele inspiradas, levou a que, na Europa, onde este domínio da sociologia se desenvolvem mais tarde, muitos autores considerassem a literatura norte-americana sobre as profissões irrelevante para o estudo das mesmas na Europa, uma vez que aqui o Estado jogou um papel decisivo na vida não só das profissões como de todas as outras ocupações. Porém, após o período crítico, quando as profissões passam a ser abordadas tendo em vista o contexto social, nomeadamente com Johnson (1972) e Larson (1977), a conexão Estado-profissões começou a ser equacionada e analisada. Neste novo quadro paradigmático existe um crescente reconhecimento do papel ativo que o Estado pode jogar na determinação do conteúdo e da forma das práticas profissionais, seja como empregador, seja mesmo na formação dos novos membros das profissões.

Johnson (1972), por exemplo, identifica três tipos de controlo profissional, sendo a mediação do Estado um deles. O papel do Estado é percebido como ativo, ultrapassando a mera legalização dos privilégios pretendidos. De facto, nos exemplos apresentados pelo autor, o Estado constitui e assegura clientelas, constitui-se como empregador, inicia e implementa políticas com claras consequências para as ocupações que, se por um lado, permitem ao Estado o controlo social de diferentes áreas, permite também que elas sejam beneficiárias no processo.

Fielding e Portwood (1980), tal como Johnson (1982), acentuam a contribuição das profissões para a formação do Estado moderno, ao contrário de outros autores, como Larson, que acentuam a contribuição do Estado para a constituição dos monopólios e privilégios profissionais. Contestam também as teses segundo as quais profissão e burocracia são formas de organização antagónicas, que se excluem mutuamente, considerando-as realidades interdependentes, sendo tais interdependências não só evidentes no caso das profissões burocráticas, como vantajosas nas relações destas com o Estado. Os autores elaboram o conceito de profissão burocrática e, embora considerem que todas as profissões têm uma relação crucial com o Estado, analisam em particular o papel do Estado na construção dessas profissões burocráticas, procurando especificar a forma, e medir a extensão, da heteronomia do Estado perante as diferentes profissões. As profissões burocráticas são ocupações cujos objetivos, valores-base e ideais estão em consonância com os objetivos do Estado. O Estado garante à profissão licenças, clientela pública e o respetivo pagamento, e esta fornece os serviços eficientemente, aceitando limitações à autonomia profissional, sobretudo no que respeita à escolha e definição dos clientes, bem como à possibilidade de ter clientes privados.

As profissões podem assim ser classificadas como públicas, semi-públicas, semi-privadas e privadas, com diferentes graus de autonomia, em função, também, da posição na hierarquia ocupacional e do grau de heteronomia do Estado. Portwood e Fielding analisam ainda os privilégios das profissões, isto é, os níveis de rendimento e bem-estar, o estatuto legal e social e o poder de controlo do conhecimento, de definição das necessidades dos clientes, de escolha dos clientes, de negociação com o Estado na definição de políticas e de influência ideológica e cultural, não como atributos estáticos mas como o resultado de estratégias desenvolvidas por grupos e das alianças destes com o poder político. Referem, nomeadamente, a participação ativa das elites profissionais nos interesses das elites políticas, económicas e culturais, através de estruturas de organização profissional e da ideologia, considerando que poucas profissões têm menor estatuto, posição social e autonomia em virtude da heteronomia do Estado. Pelo contrário, para grande parte das profissões, o processo interdependente de burocratização e profissionalização teve vantagens mútuas, tanto para as profissões como para o Estado.

Numa outra perspectiva, Krause (1988) analisa o processo de desenvolvimento, de profissionalização e desprofissionalização, de diferentes profissões (médicos, advogados e engenheiros) em diferentes países (EUA, Reino Unido, Itália e França), ao longo de um período de tempo que vai de 1930 a 1980. Embora atribuindo um lugar e um poder de primeiro plano às forças do capitalismo que agem diretamente sobre as profissões, sustentando constituir estas verdadeiros espelhos dos processos de racionalização capitalista nos diferentes países, e dentro destes nos diferentes sectores de atividade, o autor procurará perceber o papel do Estado enquanto intermediário dessa relação principal. O seu esforço de operacionalização de variáveis que sintetizem as ações do Estado, enquanto agente ou ator interveniente nos processos de profissionalização, ao longo do período de tempo definido, é muito importante. Em particular porque retém uma série de parâmetros susceptíveis de revelar (i) a eficácia, a legitimidade e o desenvolvimento variáveis do poder do Estado nas relações com as profissões, (ii) o grau de centralização, unificação e de poder do Estado sobre as profissões, (iii) o grau de aceitação e legitimidade das intervenções públicas, associado ao grau de desenvolvimento do Estado-providência, (iv) a orientação ideológico-partidária do Estado e o tipo de poder legislativo com incidência sobre o desenvolvimento das profissões, em particular no domínio dos mecanismos e estratégias de regulamentação profissional e, por fim, (v) o tipo de intervenção do Estado sobre os sistemas de ensino e formação.

PROFISSÕES

Bibliografia específica

Bertilsson, M. (1990), "The welfare-state, the professions and citizens", em Rolf Torstendahl e Michel Burrage (orgs), *The Formation of Professions*, Londres, Sage.

Fielding, A.G. e D. Portwood (1980), "Professions and the state: towards a typology of bureaucratic professions", *Sociological Review*, 28 (1).

Johnson, Terence J. (1982), "The state and the profession: pecularities of the British", em A. Giddens e G. Mackenzie (orgs.), *Social Class and the Division of Labour*, Cambridge, Cambridge University Press.

Krause, Elliot A. (1988), "Les guildes, l'État et le progression du capitalisme: les professions savantes de 1930 à nos jours", *Sociologie et Sociétés*, XX (2).

Schmitter, Philippe C. (1979), "Models of interest intermediation and models of societal change in western Europe", em P.C. Schmitter e G. Lehmbrunch (orgs.), *Trends Toward Corporatist Intermediation*, Londres, Sage.

Lição 10. Profissões e conhecimento

Os saberes, as competências e o conhecimento científico são elementos constitutivos das profissões, centrais em qualquer das abordagens analíticas referenciadas. Vimos como na tradição funcionalista da sociologia das profissões lhes foi atribuído um lugar central no processo de desenvolvimento profissional, definido como assente no conhecimento científico teórico-abstrato, sendo este, no entanto, encarado como uma "caixa negra", como um dado com um valor intrínseco e de uma bondade inquestionáveis, do qual se decalcavam diretamente os poderes e privilégios profissionais.

A partir das contribuições do interacionismo simbólico e do movimento crítico do modelo profissional, tornou-se evidente que se o conhecimento científico é uma condição necessária e indispensável nos processos de profissionalização, não é uma condição suficiente. Tratava-se, então, já não de medir quanto de conhecimento teórico/abstrato possuíam determinadas ocupações ou profissões, avaliado pelo número de anos de formação, mas perceber as condições sociais que levaram ou permitiram que algumas ocupações reivindicassem, alcançassem e depois mantivessem ou perpetuassem uma particular competência. Em propostas tão distintas como as de Freidson ou Abbott, o conhecimento é o

SOCIOLOGIA DAS PROFISSÕES EM 10 LIÇÕES

principal recurso de poder profissional. Abbott (1988) considera que só o sistema de conhecimento abstrato pode definir os problemas e tarefas dos profissionais, defendê-los dos competidores e ajudá-los a conquistar soluções novas para problemas novos. O conhecimento é assim a peça fundamental da autonomia profissional, das posições de poder e privilégio na sociedade e nas organizações, assegurando a sobrevivência dos grupos profissionais em sistemas de profissões competitivos.

Orientam o debate diversas questões. Qual a natureza do conhecimento em que se baseia o poder profissional? Em que medida esse conhecimento, do qual resultam prestígio e privilégios, tem uma relação clara e direta com a capacidade de resolução de problemas? Ou, pelo contrário, em que medida tem o conhecimento sobretudo um valor simbólico na relação dos profissionais com a sociedade, passível de ser manipulado? É o essencial do conhecimento profissional um fenómeno social ou cognitivo?

A sociologia das profissões, seja qual for o paradigma, é maioritariamente dominada por uma perceção essencialmente social do fenómeno das profissões, sendo a dimensão cognitiva considerada uma constante e contornando-se de forma sistemática a análise das condições que presidem à produção de conhecimentos e da sua aplicação. Isto é, a dimensão social dos processos de profissionalização prevalece, ignorando-se a questão central da relação entre a dimensão social e cognitiva presente no fenómeno das profissões.

Os trabalhos de Paradeise (1987;1988), claramente tributários do paradigma interacionista, são um exemplo da abordagem dominante na sociologia das profissões. Defende esta autora que os principais recursos nos jogos em torno do fechamento de segmentos do mercado de trabalho, seriam a *qualificação* – que não designa uma capacidade intrínseca da mão-de-obra mas o produto de um acordo estabilizado sobre a relação entre as potencialidades reconhecidas à força de trabalho e os lugares atribuídos – e a *argumentação* que os candidatos à profissionalização sejam capazes de desenvolver junto de públicos diversos – uma vez que a argumentação baseada numa retórica da verdade, da necessidade e da relação necessidade-ciência constitui o principal trabalho de

PROFISSÕES

construção das competências. O conhecimento científico, as qualificações e as competências são encarados como um *enjeu* de lutas, tanto no campo da educação como no campo do trabalho, envolvendo diferentes agentes que procuram construir as suas competências e valorizá-las nos seus postos ou domínios de atividade. O poder deixa de ser decalcado diretamente do saber, este é analisado considerando as condições concretas da sua aplicação, da construção social da sua oferta e procura. Centra-se a análise nas mediações entre os saberes e os poderes, na transformação do valor intrínseco do conhecimento em valor de uso reconhecido socialmente.

Em trabalhos de referência, autores como Downey, Donovan e Elliott (1989) e Jasanoff e outros (1995), consideram que faltam à sociologia das profissões instrumentos conceptuais para ultrapassar esta questão central. Propõem, para superar esta lacuna, uma abordagem interdisciplinar, com recurso à sociologia da ciência, que permita analisar não apenas as condições sociais de produção e transmissão do conhecimento científico mas também as condições da sua institucionalização.

Bibliografia específica

Jamous, H. e B. Peloille (1970), "Professions or self-perpetuating systems? Changes in the French university-hospital system", em J. A. Jackson (org.), *Professions and Professionalization*, Cambridge, Cambridge University Press.

Paradaise, Catherine (2003), "Comprendre les professions: l'apport de la sociologie", *Sciences Humaines*, 139

Jasanoff, Sheila e outros (orgs.), (1995), *Handbook of Science and Technology Studies*, Londres, Sage.

Conclusão

Vimos, ao longo do livro, como a análise sociológica das profissões ultrapassou há muito as questões fundadoras acerca do que é uma profissão e quais os traços que distinguem as profissões das restantes ocupações, ou acerca das condições que permitem a alguns grupos ocupacionais alcançar o estatuto de profissão. A sociologia das profissões hoje enfrenta novas questões, procurando identificar o que efetivamente mudou no mundo das profissões. Quais as continuidades e as mudanças? A expansão de grupos ocupacionais cujas atividades requerem especiais conhecimentos científicos aumenta ou diminui a diferenciação entre grupos ocupacionais? Qual o significado e o efeito do crescente uso do profissionalismo como um instrumento de gestão, de controlo e de mudança ocupacional, para os profissionais e para as organizações de trabalho? Em que medida as novas formas de controlo e regulação das profissões, baseadas não exclusivamente nos códigos deontológicos e na auto-regulação, mas cada vez mais em mecanismos de controlo externo, burocrático-administrativos e de gestão, ou na prestação de contas pelos resultados e por regras de mercado, podem constituir-se como mecanismos de reforço da confiança nas profissões? Ou, pelo contrário, os sistemas de prestação de contas e de controlo externo da atividade dos profissionais são em si próprios potenciadores da erosão da autonomia e da confiança nas profissões? A adoção de práticas mais responsáveis, pelos profissionais e associações representativas, permitirá restaurar a confiança nas profissões? Quão importante é a preservação da autonomia profissional e do controlo ocupacional para a defesa do interesse público?

PROFISSÕES

A crescente ênfase no profissionalismo nas sociedades modernas, a sua difusão, necessita de ser demonstrada e compreendida, não apenas assumida. É importante examinar onde, por que formas e para que profissionais as relações de confiança, a autonomia e o controlo ocupacional são colocados como desafios e por quem. Só o estudo continuado e sistemático do fenómeno das profissões permitirá encontrar respostas para estas e outras questões de grande atualidade e relevância.

Para concluir este livro propõe-se um modelo de análise sistemática das profissões e dos grupos ocupacionais cujo exercício profissional requer especiais conhecimentos e competências, e que, simultaneamente, possuem ou aspiram a um estatuto de autonomia e controlo ocupacional. Considera-se, nesta proposta, que o desafio da sociologia das profissões consiste, sobretudo, na observação e análise sistemática das manifestações do fenómeno das profissões e do profissionalismo, manifestações que podem resultar tanto de processos de emergência de novos grupos ocupacionais, como de mudanças nos grupos já estabelecidos, das relações que estabelecem entre si e com a sociedade em geral, sejam tais mudanças decorrentes de fatores internos ou de fatores externos.

O foco de análise sociológica das profissões é colocado nos modos de organização do trabalho segundo os princípios do profissionalismo, os quais resultam da articulação de quatro dimensões:

- a primeira, a relação entre conhecimento e autonomia, ou entre saber e poder, respeita aos processos de desenvolvimento e aquisição de conhecimentos e competências práticas requeridos para o exercício da atividade profissional com autonomia e independência de julgamento, de decisão e de ação;
- a segunda, o *credencialismo*, respeita aos processos de formação formal e de instituição de diplomas, atribuídos em regra por instituições de ensino superior, como modalidade dominante de acesso à atividade profissional;

CONCLUSÃO

– a terceira, o *monopólio ou proteção de mercado* sobre áreas de atividade e de conhecimento, respeita aos processos centrais de construção da divisão de trabalho e do mercado de trabalho;
– e, finalmente, a quarta, *a ideologia ou sistema de valores*, sob influência do qual a realização do trabalho competente e a melhoria do conhecimento e das competências se sobrepõe a outros valores, designadamente às recompensas económicas.

A análise das condições e processos de emergência e desenvolvimento de grupos ocupacionais implica, em especial, a identificação e análise dos seguintes elementos:

– as estruturas e os processos que suportam a aquisição e a manutenção do estatuto social e económico dos grupos ocupacionais, bem como as contingências do profissionalismo e da sua difusão num espaço e tempo determinados;
– os atores e instituições envolvidos nesses processos, os recursos mobilizados e o contexto da sua ação. Dos organismos do Estado, às universidades, às associações profissionais, aos organismos internacionais de regulação, aos meios de comunicação social e de difusão, mas também os próprios membros dos grupos profissionais, vários são os atores e as instituições que participam no processo de desenvolvimento profissional e de difusão do profissionalismo.

No quadro 2 apresenta-se a operacionalização do modelo de análise das profissões com base nos pressupostos descritos. Não se trata de uma apresentação exaustiva, apenas uma ilustração sintética resultante do cruzamento dos elementos e das dimensões de análise. Para cada uma das dimensões de análise podem ser colocadas questões e definidos objetos específicos por forma a decompor a complexidade do fenómeno, exclusivamente para efeitos de estudo empírico das profissões.

O estudo da sociologia das profissões ganhará se for baseado em informação factual sobre as profissões, em Portugal ou em outros países, bem como sobre instrumentos de trabalho e fontes de informação disponíveis e passíveis de serem explorados, em especial nomenclaturas, legislação ou outros documentos normativos, e informação estatística. Aos que se interessam pelo estudo da sociologia das profissões, recomenda-se a adoção de uma estratégia que combine a aquisição de conhecimentos científicos teóricos com a aquisição de conhecimentos factuais sobre a sociedade portuguesa, sobre os instrumentos de trabalho e fontes de informação para o seu estudo, isto é, a adoção de uma estratégia de desenvolvimento e treino de competências de observação e análise de situações concretas.

Para concretização dessa estratégia podem realizar-se exercícios de recolha de informação estatística, legislação, documentos oficiais e outra informação relevante para o conhecimento mais aprofundado de notícias ou situações relatadas nos meios de comunicação e no debate público, constituindo *dossiers* sobre casos concretos de manifestação dos fenómenos de mudança ou de difusão do modelo profissional. O exercício de seleção, na imprensa diária e semanal, de notícias e factos que possam ser reportados ao fenómeno das profissões, completado com a procura de informação de natureza diferente, pode constituir uma importante base para experimentar, aplicar e treinar competências na identificação de problemas, na sua contextualização, na identificação de atores ou agentes envolvidos, bem como competências na seleção dos instrumentos de trabalho a mobilizar para a análise de situações concretas. Este tipo de exercícios de recolha e análise de informação factual sobre a realidade e de seleção de fontes documentais, acompanhado do estudo dos contributos teóricos dos diferentes autores, permitirá ir ganhando competências práticas na compreensão e análise do fenómeno das profissões, em particular na sociedade portuguesa, através da experimentação, aplicação e treino com base em casos concretos.

CONCLUSÃO

Quadro 2. Operacionalização da análise das profissões

	Conhecimento e autonomia	Credencialismo	Divisão do trabalho	Mercado de trabalho	Quadro de valores
Questões de análise	Qual a relação entre saber e poder profissional?	Quais os processos de formação e aquisição de competências profissionais? Os diplomas são a modalidade dominante de acesso ao mercado de trabalho?	Qual o lugar do grupo profissional no quadro da divisão do trabalho? Com que outros grupos profissionais partilha fronteiras? Qual o tipo e a natureza da relação com os grupos de fronteira?	Qual o efeito dos requisitos de acesso no grau de fechamento ou abertura do mercado de trabalho? Que efeito as condições de trabalho têm sobre a discricionariedade e a autonomia de julgamento e decisão?	Qual o quadro de valores dominantes no que respeita à autonomia, ao trabalho, ao conhecimento e às remunerações económicas dos profissionais? Em que medida os valores da competência, do conhecimento e da defesa do interesse público prevalecem sobre outros valores? Qual a valorização e o reconhecimento público da profissão e da atividade dos seus membros?
Objecto de análise	As atividades e os conhecimentos ou competências requeridas para exercício da profissão. Os mecanismos de controlo ocupacional (descricionariedade de julgamento e decisão no exercício da profissão). Os mecanismos de avaliação da qualidade do serviço prestado.	As credenciais e diplomas para acesso ao mercado de trabalho. Os requisitos para acesso à formação. Os processos de aquisição de competências: formação vs. experiência	A jurisdição e fronteiras jurisdicionais formalmente ou informalmente definidas, nos campos do conhecimento e da atividade.	Os requisitos de acesso ao mercado de trabalho e de progressão; mecanismos de proteção existentes. A situação no mercado de trabalho: relação com entidades empregadoras e beneficiários dos serviços.	Os discursos sobre as condições de exercício profissional e a profissão. Os estatutos e códigos de ética profissional. Os discursos sobre a relação com instituições empregadoras e com beneficiários. Os discursos sobre a defesa do interesse público. As perceções públicas e confiança pública na profissão.

PROFISSÕES

	Conhecimento e autonomia	Credencialismo	Divisão do trabalho	Mercado de trabalho	Quadro de valores
Elementos da Estrutura e do processo	Tipos de atividades profissionais, tipos de controlo e autonomia ocupacional. Tipos de conhecimentos e competências. Narrativas justificativas. Comparações internacionais. Antecedentes. Tipos de controlo ocupacional. Tipos e critérios de avaliação: colegial, hierárquico, em rede, interno, externo, por estruturas administrativas.	Grau de abertura e fechamento das credenciais e requisitos de acesso à formação, evolução e comparação internacional. Narrativas justificativas. Recursos necessários à obtenção das credenciais. Privilégios e outros poderes decorrentes da posse de credenciais. Estrutura e características da formação. Mecanismos e instituições de socialização profissional: estágios e períodos probatórios. Evolução e caracterização da relação formação formal vs. experiência profissional. Narrativas justificativas. Comparações internacionais.	Posição nas classificações socio profissionais oficiais, evolução e comparações internacionais. Âmbitos da jurisdição, sectorial e geográfico, antecedentes e comparações internacionais. Evolução da divisão e sub especialização no interior do grupo e evolução da dimensão e da especialização internas. Conflitos jurisdicionais, no interior ou no exterior do grupo e grupos ocupacionais envolvidos nas disputas. Narrativa justificativas das disputas, instrumentos e estratégias de ação. Aplicação e controlo dos requisitos de acesso ao mercado de trabalho nas diferentes situação profissionais.	Evolução e caracterização dos requisitos de acesso ao mercado de trabalho e tipologias de carreira ou outros mecanismos de desenvolvimento profissional. Tipologias dos mecanismos de controlo do acesso ao mercado de trabalho e grau de fechamento. Narrativas justificativas. Dimensão e características socio demográficas do grupo profissional, diversidade e segmentação internas. Identificação dos sectores de atividade, evolução e comparação internacional. Tipologias de entidades empregadores e de beneficiários dos serviços. Caracterização da situação perante o emprego e articulação com a natureza das atividades desenvolvidas. Articulação entre a situação perante o trabalho e as características sociodemográficas; Níveis de remuneração ou outros rendimentos e estratificação no interior do grupo; Mecanismos de controlo ocupacional e grau de autonomia nas diferentes situações de trabalho.	Perceções dos membros da profissão e instituições representativas sobre a autonomia e o controlo ocupacional, as condições de trabalho e emprego, os critérios de avaliação da qualidade dos serviços, das competências dos membros da profissão, da defesa do interesse público, da responsabilidade e do altruísmo. Estrutura das perceções, atitudes e valores dos membros da profissão. Evolução e comparações internacionais. Opinião pública sobre a profissão, as práticas profissionais e as instituições de representação. Evolução e comparações internacionais.

	Conhecimento e autonomia	Credencialismo	Divisão do trabalho	Mercado de trabalho	Quadro de valores
Actores, instituições e contexto	Atores e instituições envolvidas na produção de discursos e regras sobre a atividade profissional, os conhecimentos e as competências requeridas para o efeito: organismos do estado, universidades ou associações profissionais. Informação e conhecimento mobilizado. Atores e instituições envolvidas no controlo ocupacional. Âmbito geográfico da intervenção.	Identificação dos mecanismos e agências de execução e controlo das credenciais e dos requisitos de acesso à profissão. Evolução e comparações internacionais. Influência de fatores internacionais: processos de transferência e de convergência.	Contexto politico e económico de emergência da profissão. Fatores exógenos e internacionais. Determinantes da definição da jurisdição e atores e instituições envolvidos no processo. Contexto politico e económico das disputas jurisdicionais e atores e instituições envolvidos. Quadro de resolução dos conflitos.	Contexto politico e económico do fechamento do mercado de trabalho. Atores e instituições de controlo do acesso ao mercado de trabalho: associações profissionais, estado ou instituições empregadoras. Atores e instituições de controlo do acesso e avaliação da qualidade do serviço profissional: associações profissionais, estado ou instituições empregadoras. Influência de fatores internacionais: processos de transferência e de convergência.	Contexto social e político da definição de regras de prática profissional. Códigos de ética e mecanismos de responsabilidade social das profissões. Atores e instituições envolvidas no controlo e avaliação da aplicação dos códigos de ética.

Referências bibliográficas

Abbott, Andrew (1991), "The order of professionalization: an empirical analysis", *Work and Occupations*, 18 (4).

Abbott, Andrew (1988), *The System of Professions. An Essay on the Division of Expert Labor*, Chicago, University of Chicago Press.

Adler, Paul S. (2010), *The Sociological Ambivalence of Burocracy: From Weber via Gouldner to Marx* in http://www-bcf.usc.edu/-padler/

Adler, Paul S., Kwon and Heckscher (2008), "Professional Work: The Emergence of Collaborative Community", *Organization Science*, 19, 2.

Armstrong, P. (1984), "Competition between the organizational professions and the evolution of management control strategies", em K. Thompson (org.), *Work Employment and Unemployment*, Milton Keynes, Open University Press.

Bertilsson, M. (1990), "The welfare-state, the professions and citizens", em Rolf Torstendahl e Michel Burrage (orgs), *The Formation of Professions*, Londres, Sage.

Boltnasky, Luc (1982), *Les Cadres. La Formation d'un Grupe Social*, Paris, Minuit.

Boreham, P. (1983), "Indetermination: professional knowledge, organization and control", *The Sociological Review*, 31 (4).

Bourdieu, Pierre (1989), *La Noblesse d'Etat. Grandes Écoles et Esprit de Corps*, Paris, Minuit.

Brandsen, T. and Honingh, M. (2011), *Professionalism and Public Management: Redefining the Professional*, paper EGPA meeting in Bucharest, September.

Brint, S. (1994), *In the Age of Experts*, New Jersey, Princeton University Press.

Bucher, R., e Anselm L. Strauss (1961), "Professions in process", *American Journal of Sociology*, 66.

Bucher, R., e Anselm Strauss (1966), "Professional associations and the process of segmentation", em Howard M. Vollmer e Donald L. Mills (orgs.), *Professionalization*, Nova Jérsia, Prentice-Hall.

Burrage, Michel e Rolf Torstendahl (orgs.) (1990), *Professions in Theory and History. Rethinking the Study of the Professions*, Londres, Sage.

Carapinheiro, Graça Maria (1989), *Saberes e Poderes no Hospital*, Porto, Afrontamento.

Carr-Saunders, A.M. e P.A. Wilson (1933), *The Professions*, Londres, Franck Cass, 1964 (ed. original:).

Champy, F. (2009), *La Sociologie des Professions*, Paris, PUF.

Champy, F. (2011), *Nouvelle Théorie Sociologique des Professions*, Paris, PUF.

Chapoulie, Jean-Michel (1973), "Sur l'analyse sociologique des groupes professionnels", *Revue Française de Sociologie*, XIX.

Collins, Randall (1990), "Changing conceptions in the sociology of the professions" em Rolf Torstendahl e Michel Burrage (orgs.), *The Formation of Professions*, Londres, Sage.

Costa, António Firmino da (1998), "Classificações Sociais", *Leituras*. Revista da Biblioteca Nacional, Lisboa, 2.

Crawford, S. (1984), "Légitimité de l'autorité chez les ingénieurs", *Culture Technique*, 12.

Cunningham, B. (org.), (2008), *Exploring Professionalism*, Institut of Education, Londres, University of London.

Demazière, D., e C. Gadéa (org.), (2009), *Sociologie des Groupes Professionnels*, Paris, La Decouvert.

Derber, Charles (org.), (1982), *The Professionals as Workers. Mental Labor in Advanced Capitalism*, Boston, G.K. Hall,.

Derber, Charles (1982), "The proletarianization of the professional: a review essay", em Charles Derber (org.), *Professionals as Workers. Mental Labor in Advanced Capitalism*, Boston, G.K. Hall.

Desrosières, D. et Thévenot, L. (1991), *Les Catégories Socio-Professionnelles*, Paris, La Découvert.

Dingwall, R. e P. Lewis (orgs.), (1985), *The Sociology of the Professions. Lawyers, Doctors and Others*, Londres, Macmilan.

Downey, G., A. Donovan e T. Elliott (1989), "The invisible engineer: how engineering ceased to be a problem in science and technology studies", *Knowledge and Society. Studies in the Sociology of Science Past and Present*, 8.

Dubar, Claude, e Pierre Tripier (1998), *Sociologie des Professions*, Paris, Armand Colin.

Dubar, Claude (1991), *La Socialisation, Construction des Identités Sociales et Professionneles*, Paris, Armand Colin,.

Durkheim, Émile (1984), *A Divisão do Trabalho Social*, Lisboa, Editorial Presença, (trad. da edição de 1902).

Dzur, A. W. (2008), *Democratic Professionalism*, University Park, The Pensylvania State University Press.

REFERÊNCIAS BIBLIOGRÁFICAS

Etzioni, A. (org.), (1969), *The Semi-Professions and Their Organization. Teachers, Nurses, Social Workers*, Nova Iorque, The Free Press.

Evetts, Julia (2005), "The Management of professionalism: a contemporary paradox" Paper *Changing Teacher Roles, Identities and Professionalism*, Kings College, Londres, October 2005.

Evetts, Julia (2010), "Organizational Professionalism: Changes, Challenges and Opportunities" in *XIV IRSPM Conference. The Crisis: Challenges for Public Management*, Berne, University of Berne, April, 2010.

Evetts, Julia (2011), "Professionalism as an occupational value: theoretical challenges in the sociology of professions" *Louvain Workshop Presentation*, October, 2011.

Faulconbridge, J. and Muzio, Daniel (2008), *Professions in a Globalizing World: Towards a Transnational Sociology of the Professions?* Department of Geography, Lancaster University.

Favereau, O. et al. (2009), "Des raisons de l'eficacité supérieure d'un ordre institutionnel sur l'ordre marchand", *Revue du MAUSS*, 2009/1, 33.

Fielding, A.G., e D. Portwood (1980), "Professions and the state: towards a typology of bureaucratic professions", *Sociological Review*, 28 (1).

Fox; R., e A. Guaguini (1993), *Education, Technology and Industrial Performance in Europe, 1850-1939*, Cambridge, Cambridge University Press e Maison des Sciences de l'Homme.

Freidson, Eliot (org.), (1971), *The Profession and their Prospect*, Londres, Sage.

Freidson, Eliot, (1986), *Professional Powers. A Study of the Institutionalization of Formal Knowledge*, Chicago, University of Chicago Press.

Freidson, Eliot (1994), *Professionalism Reborn. Theory, Prophecy and Policy*, Cambridge, Polity Press.

Freidson, Eliot (2001), *Professionalism, the Third Logic*, Cambridge, Polity Press.

Freire, João (1993), "Sociologia, sociologia do trabalho", *Sociologia, Problemas e Práticas*, 14.

Freire, João e outros (2004), *Associações Profissionais em Portugal*, Oeiras, Celta.

Freire, João (1993), *Sociologia do Trabalho: Uma Introdução*, Porto, Afrontamento, (2ª edição revista: 2001).

Gomes, Sandra Pinto (2000), *A construção da Profissionalidade dos Arquitectos em Portugal: Um Estudo Sociológico*, tese de mestrado, Lisboa, ISCTE.

Gonçalves, Carlos (1998), *Emergência e Consolidação dos Economistas em Portugal*, dissertação de doutoramento em sociologia apresentada na Faculdade de Letras da Universidade do Porto.

Gonçalves, Carlos M. (2007), "Análise Sociológica das Profissões: Principais Eixos de Desenvolvimento", *Sociologia*, 17/18.

Gonçalves, Carlos (1996), "A profissão de economista: notas de investigação", em José Maria Carvalho Ferreira e outros (orgs.), *Entre a Economia e a Sociologia*, Oeiras, Celta.

Goode, W. (1957), "Community within a community: the profession", *American Sociological Review*, 25 (6).

Gouldner, A. (1970), "Cosmopolitans and locals: toward an analysis of latent social roles" em Oscar Grusky e George Miller (orgs.), *Sociology of Organizations*, Nova Iorque, The Free Press.

Grusky, O. e G. Miller (orgs.), (1970), *The Sociology of Organazation*, Nova Iorque, The Free Press,.

Gyaramati, G. (1975), "The doctrine of the profession: basis of a power structure", *International Social Science Journal*, XXVII (4).

Haug, Marie R. (1975), "The deprofessionalization of everyone?", *Sociological Focus*, 8 (3).

Hughes, Everett C. (1981), *Men and Their Work*, 2ª ed., Westport, Connecticut, Greenwood Press (ed. original: 1958).

Hughes, Everett C. (1971), *The Sociological Eye. Selected Papers*, Chicago e Nova Iorque, Aldine, Atherton.

Jamous, H. e B. Peloille (1970), "Professions or self-perpetuating systems? Changes in the French university-hospital system", em J.A. Jackson (org.), *Professions and Professionalization*, Cambridge, Cambridge University Press.

Jarausch, Konrad (1990), *The Unfree Professions. German Lawyers, Teachers and Engineers, 1900-1950*, Nova Iorque, Oxford University Press.

Jasanoff, Sheila e outros (orgs.), (1995), *Handbook of Science and Technology Studies*, Londres, Sage.

Johnson, Terence J. (1982), "The state and the profession: pecularities of the British", em A. Giddens e G. Mackenzie (orgs.), *Social Class and the Division of Labour*, Cambridge, Cambridge University Press.

Johnson, Terence (1972), *Professions and Power*, Londres, Macmillan.

Kovács Ilona (2002), *As Metamorfoses do Emprego: Ilusões e Problemas da Sociedade da Informação*, Oeiras, Celta.

Krause, Elliot A. (1988), "Les guildes, l'État et le progression du capitalisme: les professions savantes de 1930 à nos jours", *Sociologie et Sociétés*, XX (2).

Larson, Magali Sarfatti (1977), *The Rise of Professionalism. A Sociological Analysis*, Berkeley, University of California Press.

Lucas, Yvete e Claude Dubar (orgs.), (1994), *Genèse et Dynamique des Groupes Professionnels*, Lille, Press Universitaire de Lille.

MacDonald, Keith M. (1995), *The Sociology of the Professions*, Londres, Sage.

REFERÊNCIAS BIBLIOGRÁFICAS

McCormick, K. (1985), "Professionalism and work organization: some 'loose ends and open questions'", *Sociology*, 19 (2).

Meiksins, P. e C. Smith (1993), "Organizing engineering work: a comparative analysis", *Work and Occupations*, 20 (2).

Merton, Robert K. (1982), *Social Research and the Practicing Professions*, Nova Iorque, University Press of America.

Miller, G.A. (1970), "Professionals in bureaucracy: alienation among industrial scientists and engineers", em Oscar Grusky e George Miller (orgs.), *Sociology of Organizations*, Nova Iorque, The Free Press,.

Moreira, Vital (1998), "As ordens profissionais: entre o organismo público e o sindicato", *Revista do Ministério Público*, 73.

Morrell, Kevin (2007), "Re-defining Professions: Knowledge, Organization and Power as Syntax", *Institute of Governance and Public Management*, University of Warwick.

Nunes, A. Sedas (1988), "Histórias, uma história e a história: sobre as origens das modernas ciências sociais em Portugal", *Análise Social*, 100.

Nunes, A. Sedas (1972), *Questões Preliminares Sobre as Ciências Sociais*, Lisboa, GIS.

Oppenheimer, M. (1973), "The proletarianization of the professional", em Paul Halmos (org.), *The Sociological Review Monograph (Professionalisation and Social Change)*, Keele, University of Keele.

Paradaise, Catherine (2003), "Comprendre les professions: l'apport de la sociologie", *Sciences Humaines*, 139.

Parsons, Talcott (1939), "The professions and social structure", *Social Forces*, nº 17 (4).

Pereira, Sandra (2000), *Novas Formas de Profissionalismo em Contexto de Incerteza. O Caso de Foz Côa*, dissertação de mestrado, Lisboa, ISCTE.

Pinto, José Madureira e Maria Cidália Queiroz (1990), "Lugares de classe e contextos de aprendizagem social", *Cadernos de Ciências Sociais*, 8/9, p. 138.

Pinto, José Madureira e Maria Cidália Queiroz (1996), "Qualificação e desqualificação social na construção civil", *Cadernos de Ciências Sociais*, 15/16.

Rego, Raquel (2011), "Regulating Self-regulating Professional Associations: What Changes in the Portuguese Context With the Law 6/2008", Socius Working Papers in http://pascal.iseg.utl.pt/~socius/home.htm.

Ritzer, G. (1975), "Professionalization, bureaucratization and rationalization: the views of Max Weber", *Social Forces*, 53,4.

Rocha, Maria Cristina Teles da (1999), *Da Oficina à Universidade. Continuidades e Mudanças na Construção da Profissão Farmacêutica*, dissertação de doutoramento em ciências da educação, Porto, Universidade do Porto.

Rodrigues, Maria de Lurdes (2003), "A profissão de engenheiro em Portugal e os desafios colocados pelo Processo de Bolonha", comunicação apresentada nas jornadas *O Processo de Bolonha e as Formações em Engenharia*, Universidade de Aveiro, 30 de Abril de 2003 (disponível em http://paco.ua.pt/documentos/?p=Bolonha).

Rodrigues, Maria de Lurdes (2004), "Associativismo profissional em Portugal: entre o público e o privado", em João Freire e outros, *Associações Profissionais em Portugal*, Oeiras, Celta.

Rodrigues, Maria de Lurdes (2002), "O crescimento do emprego qualificado em Portugal", *Sociologia, Problemas e Práticas*, nº 40.

Rodrigues, Maria de Lurdes, (1999), *Os Engenheiros em Portugal. Profissionalização e Protagonismo*, Oeiras, Celta.

Rodrigues, Maria de Lurdes (2001), *Sociologia das Profissões*, Oeiras, Celta, 2ª edição.

Rodrigues, Maria João e Marinús Pires de Lima (1987), "Trabalho, emprego e transformações sociais em Portugal: trajectórias e dilemas do seu estudo", *Análise Social*, nº 95.

Schmitter, Philippe C. (1979), "Models of interest intermediation and models of societal change in western Europe", em P.C. Schmitter e G. Lehmbrunch (orgs.), *Trends Toward Corporatist Intermediation*, Londres, Sage.

Segrestin, Denis (1985), *Le Phénomène Corporatiste. Essai sur l'Avenir des Systèmes Professionnels Fermés en France*, Paris, Fayard.

Shinn, Terry (1980), *Savoir Scientifique et Pouvoir Social: l'École Polytechnique, 1794-1914*, Paris, Press de la Fondation Nationale des Sciences Politiques.

Torstendahl, Rolf e Michel Burrage (orgs.), (1990), *The Formation of Profession*, Londres, Sage.

Weber, Max (1984), *Economia y Sociedad*, México, Fondo de Cultura Económica. (trad. 1922).

Wilensky, Harold (1964), "The professionalization of everyone?", *American Journal of Sociology*, nº 70.

Williamson, Peter J. (1989), *Corporatism in Perspective. An Introductory Guide to Corporatist Theory*, Londres, Sage.